住総研「マンションの持続可能性を問う」研究委員会 編

壊さない
マンションの
未来を考える

PROGRES
プログレス

まえがき

　わが国の典型的な都市居住形態であるマンションについて，いままさに，その持続可能性が問われようとしている。国が推進してきたマンションの建替えや耐震改修については期待したほどの成果が生まれず，建替えも大規模修繕も進められないマンションや，区分所有者や居住者の高齢化に伴い管理不全に陥るマンションが増えている。

　マンションは，区分所有者にとってはかけがえのない財産であり，居住者にとっては生活の基盤であり，地域にとっても重要なストックである。したがって，マンションの持続可能性をどう維持していくかということは最も重要な政策課題の一つである。この課題に応えるためには，ハード・ソフトの政策に加え，マンションの区分所有者，居住者，管理組合，マンション管理会社，マンションディベロッパー，学識者等の様々な知恵を結集していくことが必要であろう。

　本書は，上記のような観点から，多様な視点を持つ有識者に「壊さないマンションの未来を考える」というテーマで論考いただいた成果をまとめたものである。

　本書が，マンションの管理組合や居住者の方々にとって，また，マンションの管理や供給に携わる方，住宅政策の現場に携わる方や研究者など多くの方々にとって，これからのマンションの未来を考える上で何らかのお役に立つことを期待している。

2019年4月

　　　　　　　　　　　住総研「マンションの持続可能性を問う」研究委員会
　　　　　　　　　　　　　　　委員長　田　村　誠　邦

目　次

第1章　マンションを取り巻く諸問題
［田村　誠邦］

1　増え続ける高経年マンションストックとその課題 ……………… *1*
2　マンション建替えでは,高経年マンション問題は解決しない ……*3*
3　進まない耐震改修,大規模修繕の現状 ……………………………… *5*
4　マンション居住に係るソフトの課題 ………………………………… *7*
5　マンション政策の転換の必要性 ……………………………………… *8*
　　～壊さないマンションの未来をどう実現するか～

第2章　中古マンションの大規模修繕の経験者から見た課題
［三浦　展］

1　現状横行する量産リノベでは壊さない未来は暗い …………… *12*
2　不動産業者,オーナー,消費者の教育と意識改革が必要 ……… *14*
3　理事会の問題 ………………………………………………………… *16*
4　建て替える未来もある ……………………………………………… *18*

第3章　リノベーションで救うマンションの未来　　　［内山　博文］

1　はじめに ……………………………………………………………… 23
2　分譲マンションの現状と将来 ……………………………………… 24
　　●これまでの供給戸数から推測する未来像　24
　　●リノベーションマンションの供給推移　29
　　●築年数別マンションの状況から推測されること　34
3　本当の資産価値ってなんだろう？ ………………………………… 37
　　●これまでの価値　37
4　事例とともに考える ………………………………………………… 39
　　●事例より都市部のマンションの未来を想像する　43
　　●マンションの未来のために心得ておくべきこと　45
　　●これからの分譲マンション再生に必要なこと　46

第4章　終活の現場から見たマンション管理　　　［大木　祐悟］

1　はじめに ……………………………………………………………… 49
2　建物を活かした再生とマンションの終活の境界について ……… 51
　　●管理と再生の定義　51
　　●本章における基本的な考え方　52
3　マンションの終活を進める中で感じるマンション管理の課題 … 55
　　●管理組合のガバナンスとコンプライアンスの必要性　55
　　●区分所有者の管理への参加意識　56
　　●計画的な維持修繕の必要性の認識　57

- ●区分所有者の把握　*58*
- ●法や規約に基づいた手続きを行っていないケース　*59*
- ●規約がないマンション，規約に問題があるマンション　*61*
- ●外国人区分所有者について　*62*
- ●その他，マンションの類型ごとに見られる問題　*63*

4　課題への対応とこれからのマンション管理 ················· *65*
- ●建築時期ごとの分類　*65*
- ●第一期のマンションについて　*66*
- ●第二期のマンションについて　*67*
- ●ストックマンションにかかる情報開示の必要性　*67*

5　おわりに ················· *69*

第5章　マンションの"管理"を考える
［齊藤　広子］

1　はじめに ················· *71*
2　マンション管理の第4の時代 ················· *71*
3　第3の時代とは違う現象～第4の時代は虹色の時代～ ················· *75*
4　管理不全マンションの存在 ················· *77*
5　都市にも管理不全マンション ················· *79*
6　実態調査を踏まえて～これからのマンション管理のあり方～ ················· *84*
7　今後の課題 ················· *86*

第6章 マンションの"経営"を考える
[園田眞理子]

1 マンションのライフサイクル ……………………………………………………… *91*
2 築後40〜50年目の危機とマンションの"経営" ……………………………… *93*
3 空き住戸の収益化の試み ………………………………………………………… *96*
　●試行物件の概要　*96*
　●〈賃貸化〉推進の理由　*99*
　●リノベーションの実施　*101*
　●〈空き家〉と〈賃貸〉の収益比較　*104*
4 マンションの"経営"事例 ………………………………………………………… *108*
　●NKDハイツ　*108*
　●I3団地　*112*
　●SSハイツ　*115*
5 「壊さないマンション」の"経営"の可能性 ………………………………… *119*

第7章 マンションの"所有"を考える
〜マンションを持続可能にするために〜
[小林　秀樹]

1 はじめに ………………………………………………………………………………… *123*
2 集合住宅の持家化の歴史 ………………………………………………………… *123*
　●集合住宅の登場　*123*
　●集合住宅の持家化の要請　*124*
3 区分所有が組合所有より優勢になった理由 ………………………………… *125*
　●コープ住宅の登場と発展　*125*

- ●借家型と持家型のコープ住宅がある　*126*
- ●アメリカにおける持家型コープの挫折と再生　*127*
- ●コンドミニアムの登場と普及　*128*
- ●スウェーデンのコープ住宅　*128*
- ●区分所有からみた持家型コープ住宅の長所　*128*
- ●組合所有の評価と課題　*130*

4　マンションの評価と壊さない未来にむけての課題 ………… *131*
- ●区分所有法の建物改修は高いハードル　*131*
- ●マンションの生涯にわたる法制度は未確立　*132*
- ●建物を取り壊さない解消が必要　*133*
- ●管理組合には現状を変える力(経営力)が求められる　*134*
- ●合意形成が行き詰まる管理不全マンションへの対応　*134*
- ●問題の解決に向けて　*135*

5　区分所有マンションの代替案 ……………………………… *135*
- ●区分所有から賃貸マンションに切り替える〜つくば方式〜　*135*
- ●区分所有の代替案としてのつくば方式の意義　*136*
- ●日本での居住者法人所有の可能性　*137*
- ●合同会社所有とファンドによるコープ住宅　*137*
- ●法人所有のさらなる可能性　*139*

6　おわりに〜持続可能な区分所有に向けて〜 ………………………… *139*

第8章　区分所有制度の持続可能性と管理組合の役割
[鎌野　邦樹]

1　はじめに ……………………………………………………………… *143*
2　区分所有制度の持続可能性 ………………………………………… *143*

- ●「区分所有の呪縛」を超えて「新たな持続可能性」を求める必要性 *143*
- ●集合住宅の多様な形態 *145*
- ●区分所有の持続可能性と「建替え」 *146*

3　区分所有の持続可能性の基本 …………………………… *148*
- ●建物の長寿命化・延命化 *148*
- ●建物の長寿命化とその後の解消（建替え・売却） *149*

4　管理組合の「管理」の目的と範囲～「経営的管理」の可能性～ ……… *150*
- ●管理組合の「管理」の目的と範囲 *150*
- ●今後の課題と立法の必要性 *153*

5　結びに代えて～高齢者の見守り等について～ ……………………… *155*
- ●居住者の高齢化に伴う問題 *155*
- ●管理組合・理事会の対応 *156*

第9章　マンション管理の全体像を捉える
～フランスの事例から～
［寺尾　仁］

1　はじめに ……………………………………………………………… *159*
2　区分所有法で定める管理体制 ……………………………………… *160*
- ●骨　子 *160*
- ●管理の特徴 *161*
- ●改正の動向～管理と荒廃対策を中心に～ *162*

3　マンションが抱える課題とそれへの対処～マンションの「荒廃」～ …… *163*
- ●「荒廃区分所有」という問題 *163*
- ●荒廃への対処 *165*
- ●維持すべきマンションの水準 *176*

- 居住者の住居費負担能力　*177*
- 小　括　*179*

第10章 なぜ,「壊さないマンションの未来」が大切なのか　［田村　誠邦］

1 マンション建替えの黎明期において　*183*
   - 同潤会江戸川アパートメント建替え事業　*183*
     ～建替え決議を用いて建て替えたわが国初の団地建替え事業～
   - 麻布パインクレスト建替え事業　*185*
     ～建替え決議を用いて建て替えたわが国初のマンション建替え事業～
   - 求道学舎再生事業　*187*
     ～築80年の学生寮を,わが国最古のRC造集合住宅として再生した事業～

2 マンション建替え事業でのマンション再生の限界　*189*
   - 建築工事費の高騰で頓挫するマンション建替え事業　*189*
   - 建築工事費単価の上昇は平均還元率を押し下げ,建替え事業の合意形成を困難にする　*191*
   - 高経年マンションの再生政策は,建替え以外の手段を中心に考えるべき　*194*

3 高経年マンションの再生のために必要なこと　*195*
   - 提言1──マンション管理組合が長期的・経営的視点を持つこと　*195*
   - 提言2──壊さないマンションの未来に向けたマンション政策・法制度の転換　*199*
   - 提言3──マンションの価値を高める再生技術の一般化と専門的職能の必要性　*203*
   - 提言4──中古マンションの流通に係る取組みの強化　*204*
   - 提言5──マンションに係るユーザー教育とマンション業界としての取組み　*206*

第1章

マンションを取り巻く諸問題

株式会社アークブレイン 代表取締役
明治大学 研究・知財戦略機構 特任教授
田 村 誠 邦

1
増え続ける高経年マンションストックとその課題

　昭和30年代から普及が始まった区分所有型集合住宅，いわゆる分譲マンション（以下，「マンション」という）のストックの現状からみてみることとしたい。

　図1は，1968年（昭和43年）から2017年（平成29年）までのマンションの新規供給戸数とストック戸数の推移を示したものである。これをみると，供給戸数は2010年（平成22年）以降，年間10万戸程度とややペースは緩やかになったものの，2017年（平成29年）末時点では，そのストック戸数が644.1万戸，全国で約1,533万人，ほぼ国民の約1割の人々が居住している。また，東京カンテイの調べ（2019年1月31日リリース）では，2018年末時点で，全国世帯数の12.53％がマンションに居住。首都圏では21.88％，東京では27.4％の世帯がマンションに居住しており，すでにマンションはわが国の典型的な居住形態の一つと言えよう。

　一方で，1981年（昭和56年）以前に建設されたいわゆる旧耐震のマンションは104万戸あり，その多くは，何らかの耐震補強が必要と言われ，また，エレベータのないマンションや，給排水のつまりや設備機器

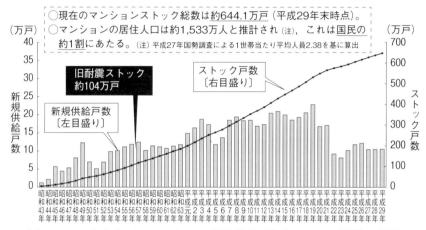

図1　2017年末までのマンション新規供給戸数とストック戸数の状況

(出典：国土交通省資料)

○築40年超のマンションは現在72.9万戸であり，ストック総数に占める割合は約1割。
○10年後には約2.5倍の184.9万戸，20年後には約5倍の351.9万戸となる見込み。

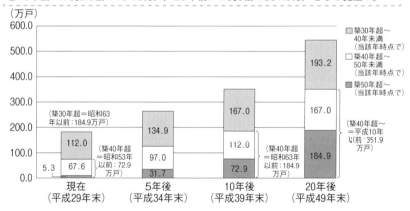

図2　高経年マンションのストック戸数の将来推計

(注) 1. 現在の築50年超の分譲マンションの戸数は，国土交通省が把握している築50年超の公団・公社住宅の戸数を基に推計した戸数。
　　 2. 5年後，10年後，20年後に築30，40，50年超となるマンションの戸数は，建築着工統計等を基に推計した平成29年末のストック分布を基に，10年後，20年後に築30，40，50年を超える戸数を推計したもの。

(出典：国土交通省資料)

の陳腐化，断熱性の乏しいマンションなど，高経年マンションの再生問題は，都市部における住まいの問題の中でも，もはやきわめて普遍的な問題と言える。

　高経年マンションは，特に築40年を経過すると耐震性以外にも様々な問題が顕在化すると言われているが，**図2**の高経年マンションに係る国土交通省の将来推計をみると，2017年末で，築40年超の高経年マンションは72.9万戸とストック総数の約1割を占めている。そして，その数は10年後には約2.5倍の184.9万戸，20年後には約5倍の351.9万戸に急増すると見込まれており，高経年マンションの再生が，今後さらに大きな課題となることは避けられないと言えよう。

2 マンション建替えでは，高経年マンション問題は解決しない

　それでは，高経年マンションのうち，これまでに建替えを実現できたマンションは，どれくらいあるのだろうか？

　図3は，2018年（平成30年）4月1日現在のマンション建替えの実施状況を示したものだが，これをみると，2018年4月1日現在，建替えを実現したマンションは237件，うち79件がマンション建替円滑化法による建替えとなっている。

　近年の推移をみると，2016年（平成28年）4月以降の建替えを実現したマンション件数の伸びが鈍化している。これは近年の建築工事費の高騰により，マンション建替えの事業採算性が低下しており，そのため，ディベロッパーが区分所有者に提示できる建替えの条件が悪化し，区分所有者の建替えへの合意形成が困難になりつつあるためと推測される。

　とくに，大都市圏郊外部に多く立地する団地型マンションについては，

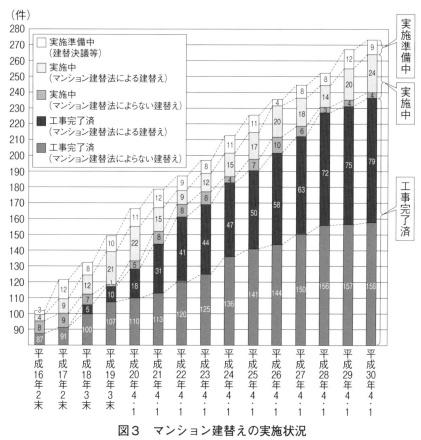

図3 マンション建替えの実施状況

(注) 1. 国土交通省調査による建替え実績および地方公共団体に対する建替えの相談等の件数を集計。
2. 阪神・淡路大震災による被災マンションの建替え（計109件）は，マンション建替法による建替え（1件）を除き含まない。
3. 過年度の実績は今回の調査により新たに判明した件数も含む。

(出典：国土交通省資料)

マンション購入者層の都心志向が高まる中で分譲価格が低迷し，工事費の高騰を受けて建替え事業の採算性が一段と悪化し，区分所有者の建替えへの合意形成が事実上困難な状況にあるものと考えられる。

マンション建替えについては，2002年（平成14年）にマンション建替円滑化法が制定され，それとともに区分所有法の改正も行われて，マンションの建替えについての法制度の基盤が整備された。その後も，2014年（平成26年）にマンションの敷地売却制度や容積率の緩和措置が導入され，2016年（平成28年）には，住宅団地についての市街地再開発事業の導入など，高経年マンションの建替えを推進するための様々な施策が講じられている。しかし，実績としては，2018年（平成30年）4月1日現在でマンション建替えの実現件数は237件，建替え戸数については合計で約1万数千戸と，マンションストック総数の0.3％にも満たないのが現状である。

マンション建替えの実現には，マンションの分譲単価や建築工事費など市況に左右される要素が多々あり，それらの市況要素により区分所有者間の合意形成が大きく影響される。しかも，今後も，区分所有者の高齢化，個々の区分所有者の経済状態の多様化，世帯総数が減少に転じる中での新築マンションに対する需要の鈍化などにより，マンション建替えを取り巻く状況は悪化こそすれ，改善される要素は数少ない。現実問題として，建替えで課題が解決できる高経年マンションは百に一つもないものと推測されるのである。

3 進まない耐震改修，大規模修繕の現状

それでは，高経年マンションのハードの課題を解決するための，もう一つの手段である耐震改修や断熱改修，エレベータ設置などの大規模修繕の現状はどうであろうか？

耐震改修については，2013年（平成25年）に耐震改修促進法が改正され，所管行政庁による耐震改修の必要性に係る認定を受けたマンショ

図4　耐震診断と耐震改修の実施状況
（出典：「マンション実態調査結果」 2013年3月，東京都都市整備局）

ンについては，共用部分の変更を伴う耐震改修に係る決議要件が，従来の4分の3以上から多数決に緩和された。また，耐震改修計画に関連し増築に係る容積率および建ぺい率の特例が講じられ，耐震改修工事を行う上でやむを得ないと判断される場合には，面積制限を超過して耐震改修工事を行うことができることとなった。また，東京都では2011年（平成23年）に緊急輸送道路沿いの建築物の耐震化促進の条例が施行されて，手厚い助成措置が講じられるなど，国や各自治体による耐震改修に係る支援措置は近年大幅に拡充されている。

　しかし，こうした施策にもかかわらず，実際にはマンションの耐震改修についても，期待されたほど進んでいないのではないだろうか。

　旧耐震マンションの耐震化については，残念ながら全国データできちんと検証できるものが存在しないようだ。数少ないデータの1つに，図4に示した2013年（平成25年）3月の東京都のマンション実態調査がある。これによれば，都内の旧耐震基準のマンション11,892棟のうち，アンケートに回答のあった2,322棟の耐震診断の実施率は17.1％，耐震改修の実施率は5.9％となっており，この率は，大規模なマンションほど高く小規模なマンションほど低くなっている。また，旧耐震マンションの耐震化に係る全国ベースの調査としては，（一社）マンション管理

業協会の2016年（平成28年）の調査がある。これによれば、調査対象2,529棟のうち、耐震診断の実施率は29.7％、耐震改修の実施率は4.2％となっている。

しかしながら実際には、アンケートに応えなかったマンションは、そもそも耐震改修に関心が低いか、まったく手がついていない可能性が高く、耐震診断も耐震改修も、その実施率は上記の数字以上に低いことが想定される。

このように、旧耐震マンションの耐震診断や耐震改修は、国や自治体の施策にもかかわらず、それほど進んでいないことがわかる。

さらに、断熱改修やエレベータ設置などの大規模改修工事については、全国ベースでの信頼できる調査データは見当たらないが、外壁や鉄部の塗り替え、防水工事のやり替えなどの通常の大規模修繕工事に比べると、工事費の負担や合意形成の困難さなどの点で、その実施の困難さは容易に想像される。

4 マンション居住に係るソフトの課題

マンション居住については、こうしたハード面での再生の課題のほか、ソフト面での課題も山積している。たとえば、マンションの高経年化に伴い、その持ち主である区分所有者や居住者の高齢化が同時進行しており、マンション管理組合の運営や、マンション内のコミュニティの継続に支障をきたす事例も増加しつつある。また、分譲当時は中間所得のファミリー層が大半だった居住者も、高齢単身者やひとり親世帯、障害者、子育て世帯など、居住者の多様化と所得階層の多様化が同時進行している。さらに、地方圏や大都市縁辺部の高経年マンションを中心に空き家率が増加しつつあり、都市部においても、高経年マンションの流動性は

低下傾向にある。特に，建替えも大規模改修等の再生も合意形成できないようなマンションでは，その傾向は顕著である。流動性の低下は，資産としてのマンションの価値の低下をもたらし，コミュニティの継承にも悪影響を及ぼしている。

このように，「マンション」は，その「持続可能性」において，きわめて脆弱な側面を持っており，今一度ここで，"「マンション」の持続可能性を問う"ことが必要と考えられる。

問題の所在は，マンションの耐久性・耐震性等のハード面のみならず，区分所有法や建築基準法，都市計画法等の法制度の問題，居住者の多様化やライフスタイルの多様化への対応，マンションのガバナンスや経営の問題，地域コミュニティや住宅政策との関係など多岐にわたっており，区分所有に代わる新たなマンション所有形態の可能性などを含めた多角的な視点からの検討が必要とされている。

5
マンション政策の転換の必要性
～壊さないマンションの未来をどう実現するか～

従来のわが国の老朽化マンション政策としては，ハード分野では「建替え」と「耐震改修を含む大規模改修」の二者択一であった。建替えについては，2002年（平成14年）のマンション建替円滑化法の施行以来，近年の敷地売却決議や，住宅団地への市街地再開発事業の導入など，様々な施策が講じられている。しかし，今日まで実際に建替えを実現したマンション戸数は，マンションストック全体のわずか0.3％にも満たず，ごく限られた条件に恵まれたマンションしか建替えを実現できていないのが実情である。一方，大規模修繕，とくに旧耐震マンションの耐震改修についても，耐震改修促進法の改正など，さまざまな施策が講じられてきたにもかかわらず，耐震改修工事の実施率は全国ベースで数％にも

満たないと推定される。

　もはや，ごく限られた恵まれたマンションでしか実現しない「建替え」ではなく，「壊さない」ことを前提に，マンションとマンション所有者・住民の幸せな未来を考える必要があるのではないだろうか？

　そのためには，従来の性能や機能が低下したものを直したり取り替えたりするという「修繕」の延長線上にある「大規模修繕」ではなく，マンションの所有者の資産価値を向上し，居住者の快適性や住み心地を大幅に改善する「大規模改修」の在り方を探求する必要があるのではないだろうか？

　また，「家族」の在り方や，人々の「所有」に対する意識，マンションと地域社会との関係等も，時代の変化とともに大きく変わりつつある。老朽化して初めて検討するハードの施策だけでなく，日常の管理の在り方，マンション管理組合の在り方を含めて，「壊さないマンションの未来」を実現するためのソフトの在り方も，再検討する必要があるのではないだろうか？

第2章
中古マンションの大規模修繕の経験者から見た課題

株式会社カルチャースタディーズ 代表取締役
三 浦　　展

　私はマンションの専門家でも何でもないので，一素人として，一古いマンション住人としての今までの経験を元に今後の課題について考えてみたい。

　実際，私は中古マンションを買っていろいろ苦労した。私がマンションを買ったのは地価バブルが弾けてきた1992年秋なので，まだ高かったが，共働きだったのであまり遠くには住みたくないと，東京・吉祥寺に1975年築のマンションを買ったのである（今は賃貸に回している）。

　その後，リノベーションとかコーポラティブハウスとか，いろいろ新しい住まい方の提案がされる時代がやってきて，私も2007年にセカンドハウス的に東京・西荻窪に1971年築のマンションを買ってスケルトンにしてリノベをして，それはもうとっても楽しかった。お金があるなら毎年リノベをしたいと思った。

　そのころ，ちょうど東大の大月先生と阿佐ヶ谷住宅の本を書く仕事でよくお会いしていたので，今度リノベをするんだよと言ったら，それはいいね，じゃあ僕が収集した同潤会アパートの遺品を何か使わない？ただとっておくよりも価値がわかる人に使ってもらうほうがいいとおっしゃるので，同潤会アパートのトイレのドアを使ったリノベーションをしようということになった。おそらく同潤会アパートの遺品を使っているマンションは，日本広しといえども私の家と大月先生の家だけだろう。

さて，しかし，これらのマンションは二つとも1970年代につくられた古いマンションなので，一体いつまで私は住めるんですかという問題と，私が死ぬまでは何とかなるけど，これは子どもに相続していいんでしょうかとか，今のうちに売っちゃったほうがいいんでしょうかといった問題はある。

　それから，壊さず大事に使っていこうという話もあるものの，おそらく管理費とか修繕積立金は今よりも上がっていくんだろうということを考えると，はたして今後の日本社会と自分の子供の経済力を考えたときに大丈夫なんですかと，親として不安になったりもする。

　だから，やっぱり建て替えたほうがいいんじゃないですかとも思う。もっと建替えを促進するいろいろな規制緩和をしたほうがいいんじゃないのかと，そんな気もするのである。

1
現状横行する量産リノベでは壊さない未来は暗い

　私は，2000年ごろから，リノベーションはおもしろい，新築ばかりではなく，中古物件に新しい価値を付加するリノベーションをしていくべきだ，人口減少時代だし，そのほうがエコロジカルでもあると，自分でもリノベをしたし，業界の応援もしてきたつもりだ。

　だが，今やリノベーションはたしかに普及してきたけれども，つまらない量産化したリノベーションが増えていることに不満を持っている。

　もちろん，リノベーションは儲かる新しいビジネスだから広がったという面がある。広がるためには儲かることが必要だ。だが，どうも私から見ると，目的と手段が入れ替わったというか，リノベーションが目的というよりはお金儲けが目的で，そのための手段としてリノベーションが行われるケースが増えてしまったのではないかという疑念を持ってい

る。

　リノベーションというのは家1軒を建てる技術を持っていない会社でもできてしまうわけで，技術のない会社とお金に目敏い不動産屋さんが一緒になればすぐできてしまう。これが非常につまらないリノベーションを増やしているのだ。

　業者が利益を増やすために余計なものをつけた現在のリノベーションマンションだと，いざ買っても，私にぴったりにするにはもう一度少しリノベーションしないといけない。それではお金も資源も無駄である。

　だから，あくまでスケルトンでリノベできる物件情報を出してほしいのだが，それでは不動産屋が儲からない。それは，業者はどんどん古いマンションを買い漁って，量産リノベをして高く売り出して利ざやをいっぱい取りたいからだ。個人が古いマンションを買って自分でゼロからやりますということがやりにくくなっている。

　私としては，リノベーションとは本来，既にリノベーションされた住宅が格好いいから買おうというのではなくて，こういう生活がしたい，だからこういうリノベーションがしたいという人に合わせて建築家などの専門家が一緒になって，あなたにとってふさわしい一番すばらしい家をつくりましょうというものであるべきだと思う。

　マンションの未来という点から見ても，単なる量産型のリノベーションが増えて壊さずに使っていくというのであれば，私は全然魅力を感じない。

　だが，まさに私の持っている西荻窪のマンションも最近どんどん若い世代が買っている。リノベーションブームだし，古いマンションが格好いいという価値観も増えた。あるいは，テレビで有名なモデルの森泉が「ボンビーガール」で，マンションじゃないが，すごく古い家をリノベーションしている。そういう番組の影響もある。だが，中古マンション

というものの将来を本当にわかって入居しているのかということは気になる。

　私は，自分が全く買う気がなくても，中古マンションのオープンハウスがあると必ず覗いて，これはどうだこうだと不動産屋に質問するのをほとんど趣味にしている。ここは大規模修繕は終わったんですかと聞いて，終わりましたとかまだだとか，はっきり答えてくれることは100%ない。不動産仲介業者は全然知らずに売っている。

　本章を書くために，ためしにマンションのポストに入ってくる中古マンションのチラシを15物件ほど集めたが，リノベーション住宅推進協議会の認定物件は2件だけ。大規模修繕済みと書いた物件は1件だけだ。長期修繕計画策定済みとか，耐震診断済みとか，耐震補強済みと書いたものはなかった。

　だから，今後の課題としては，不動産広告にはこうした情報を目立つように書くことを義務づけるべきではないかと思う。

　それから，これは難しいのだが，自分流にリノベーションをしたい人のために，業者がリノベーションをする前の物件情報を消費者が手に入れられるようにしてほしい。

2
不動産業者，オーナー，消費者の教育と意識改革が必要

　次に，私のリノベ経験について述べながら中古マンションの課題を考えたい。

　まず，吉祥寺に買ったものは1975年築で，駅から2分という好条件で，10階建て100戸。ところが，このマンションは既に築10年くらいから水漏れとかいろいろな不具合が多数起きていたようで，ゲリラ豪雨とか

があると，廊下の天井から水が染みてくるとか，毎月のようにいろいろ問題が発生するマンションだった。

　二つ目のセカンドハウスのほうは，西荻窪駅から5分で，9階建て100戸。こちらは超大手ゼネコンA社の施工だからか，そういう不具合が起きたという噂をあまり聞いたこともないし，私が住んでからもそれほどない。

　その西荻窪のマンションの別の一室をたまたま仕事場として賃借することになり，これもリノベした。ちょうどそのころ，国交省が，賃貸であっても原状復帰しなくてもいいよという指針を出したので，大家さんにその新聞記事を見せて，原状復帰しなくても，リノベーションしていらしいし，今よりも高い家賃で貸せるように改造するからやらせてくれということでリノベした。予算的に水回りはいじらなかったが，その他をスケルトンにしてやり直した。設計は嶋田洋平君のらいおん建築事務所，壁のペンキは夏水組という，リノベーション業界で今話題の2人に協力していただいた。

　もうひとつ，2018年に自宅も吉祥寺から西荻窪の賃貸に引っ越したが，これは1969年築という古い小さなマンションで，なんと食堂が和室だったので，今風のLDKにリノベした。キッチンは業務用のものを「テンポス」（注：業務用厨房機器販売店）で中古を買った。天井を抜いたら天高が3m近くになり，家族はそのLDKがいちばん気に入っている。

　こういうふうに，子どもの成長などのライフステージに合わせて住まいをリノベするのは楽しいことである。

　ところが，先述したように，量産リノベ会社が増えて中古物件を買い漁り，安い素材でうすっぺらいリノベをして高く売り出す。賃貸も同じで，ありきたりの改装をしてしまう。私のセカンドハウスでも量産リノベ会社が売り出すと，3,000万円ぐらいする。1,000万円で買って500万

円でリノベしたほうが満足度が何百倍も高いことはいうまでもない。

　こういう問題を改善するには、不動産業者はもちろん、オーナーの教育、消費者の教育も必要である。たとえば、これだけR不動産が有名になったというのに、先ほどの私の自宅の賃貸住宅を仲介した不動産業者の女性はR不動産を知らなかった！　リノベーションという言葉くらいは知っているようだったが、全然詳しくなさそうだった。

　言い換えれば、R不動産はまだ実は全然無名なのだ。リノベも未だ国民的認知は全然されていない。テレビでいえば「タモリ倶楽部」。深夜の人気番組だが、ＮＨＫの朝ドラでも大河ドラマでもない。知る人ぞ知るものでしかない。

3 理事会の問題

　さて、本書のメインテーマである建替えの問題を、私が吉祥寺と西荻窪で所有するマンションを比較しながら考えてみたい。

　吉祥寺のマンションは、オイルショック直後の建築なので、資材が高騰して、海砂が使われたり、若干手が抜かれた物件が多いと言われている時代の物件だ。だから先述したようにいろいろ不具合が出て、1994年に、これではもうこのマンションはもちませんと理事会が言って、一時金をけっこうたくさん徴収され、修繕積立金がガンと値上げされた。1994年に修繕積立金をかなり取るマンションは、おそらく日本でもかなり早かったのではないかと思う。

　何でそんなことになったんだと理事会に私が文句を言ったら、じゃあおまえも理事をやれと言われて、それから8年ほど理事をやった。大規模修繕も、私が理事長だった頃にやった。私は当時35歳くらいで右も左もわからない。はっきり言って管理会社（修繕工事の施工管理もした）

にぼられた。そこは，ある有名なグループの管理会社だったが，私はそのグループであるとき講演をし，管理会社の社長さんと一緒の席に座った。私が，あなたの会社にマンションを管理してもらって大規模修繕をしましたよと言ったら，社長は，ああ吉祥寺のあのマンションですか，グワッハッハッハと高笑いした。いやぁ，大分儲けさせてもらいましたと言われて，がっくりした。そういう痛い経験をしている。

　一方，西荻窪のマンションは，さすが超大手Ａ社。あまりに不具合が起きてこなかったので，築48年なのに大規模修繕計画が今までなかった。2017年にやっと修繕計画が立てられ始めたという状況である。あまりいいマンションだと問題意識が育たないということである。吉祥寺のマンションのように，手抜きがあって問題が起こると管理組合が俄然しっかりする。これは皮肉な状況である。

　ちなみに，管理組合の理事には銀行員などお金に強い人がいたほうがいい。吉祥寺のマンションは銀行員がたくさんいたのがよかった。本当はゼネコンの人がいるのがいちばんいいが，工事は１億円じゃなくて5,000万円でできますよ，なんて彼が言うわけがないので，ゼネコン関係者は理事にはなろうとしないはずだ。建築家もゼネコンへの利害関係がある人は理事にならないだろう。独立系の建築家が入るといいのだが。

　それから，古いマンションは住民に高齢者が多いので，Ａ社のような昔からの大手でないと信用しないという心理が問題になることがある。西荻窪のマンションの５年ほど前の大規模修繕では，施工したゼネコンがみずから担当したが，吉祥寺のときと同じで，おそらくかなり高い値段を払ってしまっただろうと私は思っている。電力会社を東京電力から別の新しい会社に変えるときも，そんなどこの馬の骨だかわからない会社で大丈夫かという意見が出た。福島の原発が事故を起こした直後なのに，どうしてそんなに東電を信頼するのか私にはわからなかった

が，それくらい昔からの大企業を信じている。だから高額な費用を出してしまうのだ。

　そういうわけで，施工した大手だと，排水管工事も1億円かかるとか，耐震診断は8,000万円かかるなどと，ふっかけてくる。最近では排水管をとりかえずに管の内側をコーティングする方法があり，その会社に頼んだら2,000万円で済んだ。住民満足度も高く，その後も各種工事を発注している。こういう点でも消費者の教育というか意識改革を促す情報提供は必要である。それ以前に，住民の中に別の某大手ゼネコンB社の社員がいたので，排水管工事を彼の会社で施工したことがあるようだが，どうも不具合があったらしく，それで大手に頼んでもうまくいくとは限らないと住民も学習していたのかもしれない。

　そうこう考えると，管理組合だけでは心許ないし，管理会社も十分な知識があるとは限らないし，いろいろな利害もあるので，適切な施策を考える上では，管理組合に助言を与えるなんらかの組織が必要になるだろう。

4
建て替える未来もある

　耐震工事については，吉祥寺のマンションは緊急避難道路沿いなので，補助金が都から9割出て，耐震補強済みだ。ほとんどは地下のプールの大空間の補強だったので，住民負担は一時金なしで工事が終わった。私は，本当にそれで大丈夫なのかちょっと不安だが，とにかく終わっている。

　西荻窪のマンションは住宅地にあるので，耐震補強をしたくても補助金は出ない。理事会としては，耐震診断もしないし工事もしません，大事に使いましょうと言っている。

しかし私は，吉祥寺のマンションは25階建てに建て替えるという方法もあるんじゃないかと思い始めた。現状の法規では建て替えると7階建てになってしまうそうだ。東京・小金井市にある有名な高級マンションも，今度建て替えようとすると容積率が半分になるそうだ。いつ，どんな事情でそういう変更がされたのかわからないが，高齢化，人口減少が問題になり，住民の獲得が自治体間で競争になる時代にはふさわしくない。

　中古マンションの建替えが進まないのは，そもそもお金の問題である。しかも，10階建てが7階建てになってしまうのでは，今住んでいる全員が住めない。10階建てを10階建てに建て替えるにも原資が必要で，25階建てくらいに建て替えて分譲しないと原資が得られない。そういうときは，たとえば地域に必要な保育園とか老人ホームなどをテナントとして入居させる条件で10階建てをせめて13階建てに建て替えてよいといった方策が検討されるべきではないか。

　そういうわけで，吉祥寺の私のマンションについては，近隣商業地にあり，幹線道路沿いであり，駅から2分であり，25階建てに建て替えて，地域に必要な施設も入れる，というのが私の案である。建て替えない未来を考えるのもいいけれど，私は，建替えができるマンションは建て替えたらいいんじゃないかと思うし，それによって所有者だけでなく地域にも大きなメリットがあるような建替えをすればいいと思う。

　吉祥寺のマンションの場合，なにしろ幹線道路沿いだから，日照問題はあまりない。マンションの北側は駐車場で，その向こうはソープランドとラブホテル。だから日照は要らないだろう。その向こうは線路で，その向こうはキャバクラ街。だから，たとえ40階建てを建てても日照で文句は来ないだろう。しかも井の頭線が横を走っているから，これと直結すれば，改札を出て10秒でマンションに入れる。

かつ，井の頭線の向こうとその向こうにも古いマンションが立っているので，全部を25階建てに建て替えたらいいんじゃないか。25階から眺めれば井の頭公園が一望できるということで，2億円でも売れるだろう。最低でも，150世帯，300人以上は人口が増える。税収も増える。住みたい街と言われる吉祥寺は実際は人口が減少しているのだ。マンションの建替えによって人口の増加と地域の課題解決を図ってはどうかと思う。
　吉祥寺の駅前にはハモニカ横丁という有名な飲み屋街がある。もともと闇市で防災性も弱いので，ここを再開発したいという人はいる。しかし，ハモニカ横丁がなくなったら吉祥寺の魅力は半減する。客が減る。そこにマンションやオフィスビルができて，他の街と同じようになっても意味がない。それでは元も子もない。
　そもそも，防災性の悪い飲み屋街で火事が起きて，死者がたくさん出たという事故は起きたことがあるだろうか。危ないのは古い雑居ビルであって，横丁ではない。横丁は火事が起きてもすぐに逃げられるからだ。
　だから，ハモニカ横丁は残して，その空中権を使ってマンションを建て替えればいいと思うわけである。
　もちろん，ただの新築マンションをつくるのではつまらない。やはりスケルトンで売り出して，買い手が自由に中身，インフィルを設計できて，自分らしく吉祥寺らしく住める，そういうマンションにしたい。木造高層にしてもよい。
　そして，新しいタイプの保育園とか老人ホームとか図書館とかシェアオフィスなど，これからの吉祥寺に必要なものを入れる。さすが武蔵野市，さすが吉祥寺という開発がそこでできるはずである。吉祥寺の人気をもう一度アップする，新しい時代を感じさせるマンション兼公共施設につくり変える。コンサルはu.companyの内山さんにお願いして，リ

ビタとかブルースタジオのようなリノベーション業界の代表企業にも手伝ってもらいたい。設計はハモニカ横丁を守るべきだと言ってくれている隈研吾さんに頼むかどうかわからないが，まあ，そんなアイデアを私は持っている。施工は清水建設（笑）。

　西荻窪のマンションのほうは，北側がずーっと住宅地で，幹線道路沿いでもないので，25階建てなんてことは絶対無理だ。せっかく躯体がしっかりしているので，大事に使っていくしかない。管理の良さで建て替えない未来をまさに実現したマンションになれるとよいと思う。そのためには，先述した管理組合へのアドバイス組織が必要ではないだろうか。

　それから，自分が住まなくてもお金が入る仕組み，たとえば自分は住んでもいないし貸してもいない，全く空間を持っていないけれどもお金が入る仕組みというのも必要であろう。私はもうすぐ死ぬから，このマンションは要らないし，息子も遠くに行っちゃったから要らない。でも，せっかく区分所有権を持っているんだから，それをベースに，証券化なのかリートなのかわからないが，建替えに投資をして自分や息子がリターンを得られるなら建て替えようという人はいるだろう。

　最後に言っておきたいのは，仮に中古マンションを建て替えずにリノベーションするにしても，建て替えるにしても，行政がきちんと指針を出していかないと，必ず大規模修繕や建替えでぼろ儲けを企む企業が続出するだろうということだ。適正な利益は得ていいが，住民の無知をいいことに大金をふっかける企業は絶対出てくる。そこを制御しないといけない。

　それから，やや余談だが，1970年代に建てられたマンションは東京23区内に多いはずで，建て替える未来も，建て替えない未来も順調に実現すると，ますます東京に人口が集中して，地方と郊外が空き家だら

けで縮退するなどという心配がある。その点は，都市政策，国土政策として，どうするのか。そこも私としては気になる点である。

第3章
リノベーションで救うマンションの未来

u.company株式会社 代表取締役
内 山 博 文

1 はじめに

　リノベーションという言葉が住宅業界で使われるようになってから十数年が経とうとしている。初めの頃は，元の状況にするという意味のリフォームに代わる言葉として利用され始めた。リノベーションとは，これまでのリフォームという意味に加え，用途や機能を変更しハードとしての性能を向上させるだけでなく，より価値を高めたりすることを指し，新築に代わる住まいの選択肢として活用されるようになった。今では，建物そのものの価値が大幅に上昇する手法として業界内に浸透してきたといえる。

　しかし，期待されるべき価値の上昇とはなんだろうか？　暮らしの価値の上昇？　機能的価値の向上？　デザイン性の向上？　地域価値の向上？

　人それぞれでリノベーションの目的は異なるけれども，これまでのリノベーションは，ハードの価値の向上を手段として不動産価値の向上を目指す手段として活用されてきた。一方，日本の住宅総数は今だに増え続け，人口が減少を続ける中で，新築着工数は100万戸を下回ったものの，郊外での賃貸住宅の着工数は相続対策を掛け声に増え続けており，

空き家の増加は後を絶たない。現在の不動産・建築建設市場は，空き家をどんどん助長しているにすぎない。

その中で，区分所有マンションがどう生き延びるのかという課題を考えると，ハードの維持だけではもうどうにもならなくなってきている。すなわち，どれだけいいハードを新たに建設しようが，リノベーションによってハードが再生されていこうが，結果，それが有効に活用されていかないと単なる空箱を増やしていくだけである。これからも建物を再生するという意味でリノベーションという言葉をあえて使い続けるのであれば，本質的な問題の解決をハードだけでなくソフトの改善をも目指していくことが求められてしかるべきである。

本章では，区分所有マンションの資産価値の本質はどこにあるのかを明らかにする中で，ソフトの再生という領域まで含めた分譲マンションのリノベーションについて考えてみたい。

本章では，今まで使われてきたリノベーションという言葉の意味だけでなく，これまでのルールや常識を超えて，これからのマンション経営のあり方を考えることがリノベーションであり，リノベーションという言葉の定義をもう少し広義にとらえ，それを具体的な事例をあげながら考えることとする。

2 分譲マンションの現状と将来

● これまでの供給戸数から推測する未来像

国土交通省のデータによると，分譲マンションのストック戸数は平成29年の累計で644万戸であり，推計で1,500万人を超える人々がマンションで暮らしていることになる（2頁の図1参照）。全国平均では国民の1割相当になるが，都市部で見るとこの割合はもっと高くなる。東京カ

ンテイの「マンション化率」によると，東京都の千代田区や中央区では総世帯数のおおよそ80％が分譲マンションに居住している。また，たとえば福岡市ではおおよそ30％が分譲マンションに居住している(表1)。

このように，全国での新築マンション供給戸数こそピーク時の半数以下のおおよそ10万戸程度と大幅に減少しているものの，特に都市部における過剰供給は分譲会社が存在し続ける限り，残念ながら当面はなくなる見込みはない。ただここにきて，2018年12月8日発行の『週刊東洋経済』の「マンション絶望未来」という特集にあるように，販売の苦戦やスラム化による今後の管理不全などが懸念され始めてきている。

ところで，空き家というと，どうしても戸建て住宅の問題とみられがちであるが，今後，分譲マンションの空き住戸も社会問題になるであろうことは間違いない。都市部の空き家問題のメインは，既にマンションの空き住戸であるといわれており，東京都の空き家数81万7,000戸のおおよそ6割を超える51万8,600戸がマンションなどの空き住戸と推測されている。現時点では，このうち8割以上が賃貸用マンションとみられているが，近い将来には分譲マンションの比率が増えることが予想されている。築年数に比例して空き家率の割合は増えてきており，マンション全体の空き家率は2.4％という低い水準のようにみえるが，築年数が30年を超えたものについては10％を超えるといわれている。新築マンションの供給が当面止まりそうもない現状では，時間の経過とともに建物の老朽化に伴う空き家率の上昇に歯止めがかからず，なんらかの対策を講じていかないとスラム化する懸念が増大する。

実は，危機はもう目前にあるといえる。表1のマンション化率の推移に見るように，持ち家マンションの空き家率は，必ずしも人口減少率の高い地域で増えているわけではない。もっとも大きく影響しているのは，新規の供給戸数と人口増加率のバランスによるところが大きいので

表1 マンション化率

〈市レベル〉

順位	政令指定都市・特別区	2017年 マンションのストック戸数	2017年 世帯数	2017年 マンション化率	2016年 マンション化率	2015年 マンション化率
1	東京23区	1,493,338	4,759,653	31.37%	31.11%	30.84%
2	福岡市	219,490	741,071	29.62%	29.49%	29.53%
3	神戸市	209,323	724,587	28.89%	28.66%	28.39%
4	横浜市	482,650	1,711,616	28.20%	28.00%	27.97%
5	川崎市	192,974	699,504	27.59%	27.36%	27.05%
6	大阪市	376,903	1,371,005	27.49%	26.95%	26.40%
7	**千葉市**	109,104	433,663	**25.16%**	25.19%	25.17%
8	名古屋市	207,736	1,047,961	19.82%	19.68%	19.60%
9	さいたま市	106,545	560,199	19.02%	19.00%	18.96%
10	相模原市	57,726	320,600	18.01%	18.00%	17.97%
11	**札幌市**	179,570	1,031,023	**17.42%**	17.43%	17.51%
12	広島市	91,140	545,265	16.71%	16.67%	16.49%
13	仙台市	82,235	492,646	16.69%	16.47%	16.47%
14	京都市	109,450	678,594	16.13%	15.91%	15.74%
15	北九州市	73,069	471,321	15.50%	15.39%	15.23%
16	**堺市**	55,383	380,371	**14.56%**	14.59%	14.64%
17	熊本市	35,622	331,133	10.76%	10.67%	10.60%
18	岡山市	24,207	313,779	7.71%	7.63%	7.60%
19	**新潟市**	23,042	330,974	**6.96%**	6.97%	7.02%
20	静岡市	19,917	306,720	6.49%	6.37%	6.33%
21	**浜松市**	20,801	321,359	**6.47%**	6.48%	6.51%

(注) マンション化率のゴシック数字は前年比マイナスを示す。
(出典：東京カンテイ)

第 3 章　リノベーションで救うマンションの未来

〈区レベル〉

順位	都道府県名	行政区名	2017年 マンションのストック戸数	2017年 世帯数	2017年 マンション化率	2016年 マンション化率
1	東京都	千代田区	26,505	31,935	83.00%	83.12%
2	東京都	中央区	66,373	81,925	81.02%	81.91%
3	東京都	港区	99,176	131,457	75.44%	75.82%
4	大阪府	大阪市中央区	40,434	57,034	70.89%	69.47%
5	千葉県	千葉市美浜区	38,709	62,699	61.74%	61.97%
6	大阪府	大阪市北区	41,418	70,651	58.62%	56.81%
7	大阪府	大阪市西区	29,520	52,229	56.52%	56.39%
8	兵庫県	神戸市中央区	40,112	71,943	55.76%	55.50%
9	福岡県	福岡市中央区	56,101	104,852	53.50%	53.13%
10	東京都	渋谷区	65,413	128,677	50.84%	51.13%
11	神奈川県	横浜市西区	27,255	51,747	52.67%	50.34%
12	東京都	新宿区	94,264	183,760	51.30%	50.30%
13	東京都	文京区	54,075	110,427	48.97%	48.95%
14	大阪府	大阪市天王寺区	17,060	35,987	47.41%	47.17%
15	愛知県	名古屋市中区	23,253	47,397	49.06%	47.04%
16	東京都	江東区	115,243	246,014	46.84%	46.54%
17	神奈川県	横浜市中区	35,272	76,817	45.92%	45.40%
18	兵庫県	芦屋市	19,111	43,611	43.82%	43.57%
19	東京都	台東区	45,695	104,833	43.59%	42.97%
20	兵庫県	神戸市東灘区	41,760	97,538	42.81%	42.65%
21	大阪府	大阪市福島区	15,720	38,102	41.26%	40.75%
22	大阪府	三島郡島本町	5,005	12,835	38.99%	39.27%
23	北海道	札幌市中央区	52,584	136,754	38.45%	38.21%
24	東京都	品川区	80,075	205,953	38.88%	38.06%
25	大阪府	大阪市淀川区	36,177	95,086	38.05%	37.97%
26	大阪府	大阪市都島区	20,243	52,638	38.46%	37.70%
27	東京都	墨田区	52,099	138,858	37.52%	36.95%
28	愛知県	名古屋市東区	14,133	38,117	37.08%	36.27%
29	福岡県	福岡市博多区	45,292	126,125	35.91%	35.88%
30	東京都	豊島区	54,847	155,002	35.38%	35.42%

（注）　前頁に同じ。
（出典：前頁に同じ）

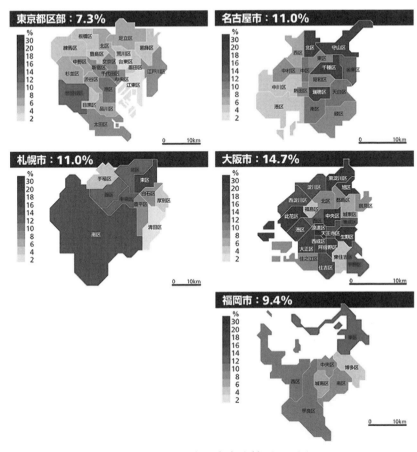

図1　各市区別空き家率比較（2013年）
（出典：ニッセイ基礎研究所）

ある。

したがって，空き家の増加は，郊外や地方都市だけではなく，過剰供給が続く都市部での問題でもあるといえる。その顕著な例として，東京都区部で空き家率が最も高いのは住宅地として人気のある世田谷区というデータもある。

ニッセイ基礎研究所・金融研究部不動産市場調査室が2016年10月27日に公表したレポート「図解　あなたの隣の家，実は空き家かも？都市別・エリア別に空き家率を見える化してみた」によると，東京都区部で分譲マンションの空き家率が最も低いのは江東区の3.3%であり，最も高いのが世田谷区の12.8%というデータがそれを物語っている。

　世田谷区といえば，成城や深沢といった高級住宅地のイメージがあるが，分譲マンションの空き家率は，タワーマンションがそびえる湾岸エリアの江東区の空き家率の約4倍である。それだけでなく，全国的にみても分譲マンションの空き家率の問題は，郊外部というより比較的人気のある住宅地に顕在化してきていることがわかる。

　いずれにしても，人口の減少や偏在，そして都市部におけるマンション建設の伸展などから，近年，都市間・都市内の空き家率には大きな格差が生まれてきており，その問題や原因も一概に語ることができない状況となっているということを認識しなくてはならない。今後，空き家の問題については，高齢化や人口減少が見込まれる都市部でこそより複雑化してくることが予想される。

　まさに空き家の問題は分譲マンションの資産価値に大きく影響することが予想され，これまでのハードを中心とした再生方法だけでは太刀打ちできなくなることは想像に難くないところである。

●リノベーションマンションの供給推移

　前述のような状況を受け，近年，リノベーションへの期待が高まり，2009年には「一般社団法人リノベーション住宅推進協議会」が設立され，リノベーションによる区分所有マンションの再生を手段とする中古住宅の流通は積極的に促されてきた。同協議会の「R1（アールワン）基準」に適合したリノベーションマンションは年々増加し，今や年間6,000戸

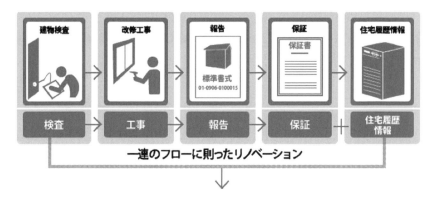

図2 一般社団法人リノベーション住宅推進協議会が定める優良なリノベーションの「統一規格」
(出典：一般社団法人リノベーション住宅推進協議会)

を超えており，消費者に安心感を与えるとともに，業界の信頼向上につながっている。

(注)「適合リノベーション」とは，同協議会が示すリノベーション工事前後のフロー（調査→工事→報告→保証→履歴）に基づきリノベーションを行うことで品質確保と情報開示を促すために策定されたものである。

また，専有部分だけに限らず，元社宅や賃貸マンションなどを再生して分譲する際に求められる共用部分の適合リノベーションである「R3（アールスリー）基準」も設けられており，マンション全体の再生にもリノベーションという手法が年々活用され，市場の活性化に一定の影響を与えてきた。2017年には適合リノベーションの累計が4万戸を超え，リノベーションという言葉の認知度も同協議会の設立当初は20％程度といわれていたが，今では90％を超える消費者が認知するまでになっ

第3章　リノベーションで救うマンションの未来

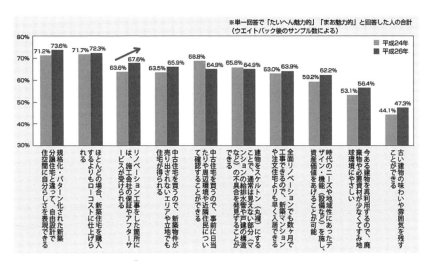

図3　「リノベーション」の魅力（単一回答）
（出典：リクルート住まいカンパニー「リノベーション・DIY に関する意識調査」）

た（リクルート住まいカンパニー「リノベーション・DIY に関する意識調査」（平成26年実施））。

　上記の意識調査によると，リノベーションという言葉を知っている人は全体の95.0％であり，その内容も知っていて，関心がある人は47.6％と，前回（平成24年調査）の28.7％から大幅に増加している。また，リノベーションという言葉も内容も知っていて，関心があると回答した人の割合をエリア別にみると，首都圏51.0％，札幌市51.6％，福岡市54.0％では過半数を超えており，先に述べたマンション化率との相関があると考えられ，マンション供給の多いエリアでは，同時にリノベーションによるマンションの再生も浸透してきているといえる。

　では，リノベーションの魅力を消費者はどのように感じているのであろうか。図3によると，その認識についても年々変化していることがわ

31

かる。

平成24年の調査では,「ほとんどの場合,新築住宅を購入するよりもローコストに仕上げられる」が71.7％で最も多かったが,平成26年の調査では,「規格化・パターン化された新築分譲住宅と違って,自由設計で住空間に自分らしさを表現できる」（73.6％）が最多となった。「リノベーション工事をした箇所には,施工会社の保証やアフターサービスが受けられる」(63.6％→67.6％)が特に伸び率が高かったことから,同協議会が果たしてきた実績が大きかったことがわかる。

このように,人々に安心感を提供し,自分らしい暮らしを実現するための手法としてリノベーションが浸透してきていることは,ここ数年の業界の大きな変化として捉えてもよいのではないか。

今後,既存の区分所有マンションに対する関心がますます強くなり,住まいの選択肢として認知がさらに高まると予想される。同協議会が定める基準だけでなく,建物全体の管理状況などを表す客観的評価を示す新たな指標が求められる。国土交通省は,平成30年度より,「安心R住宅」という既存住宅の性能を示す新たな基準を設け,既存の区分所有マンションの流通市場の活性化をはかろうとしている（**表2**）。

住宅ローンとの連携など,安心感だけでなく消費者のメリットを追求する中で積極的な活用が期待されている。既存住宅の「フラット35」の融資基準との連携もあり,新築より低利での融資を受けることが可能な仕組みも始まっている。

リノベーションという手法が新たな住宅マーケットを生み出す原動力になりつつある。まさに分譲マンションでの暮らしがリノベーションによって多様化をうながし,人々のライフスタイルや暮らし方という視点で,あらゆるマンションが無限の可能性を持つことに市場は気付きつつある。また,それを支える住宅ローンや税制などのインフラの整備も急

表2 「安心R住宅」の基準

「不安」の払拭	耐震性	・現行の建築基準法の耐震基準に適合するもの，またはこれに準ずるもの（※1） （※1）下記のいずれかを満たす住宅 ・昭和56年6月1日以降に建築したもの ・昭和56年5月31日以前に建築したもので，耐震診断により安全性が確かめられたもの
	構造上の不具合・雨漏り	・既存住宅売買瑕疵保険契約を締結するための検査基準に適合したものであること（※2） （※2）・構造上の不具合あるいは雨漏りが認められた場合で，広告時点において当該箇所の改修が完了しているものを含む ・広告時点において既存住宅売買瑕疵保険の申込みが受理されている場合は，その旨を情報提供すること
	共同住宅の管理	・管理規約および長期修繕計画を有するとともに，住宅購入者の求めに応じて情報の内容を開示すること（※3） （※3）内容の開示は管理組合の承諾が得られた場合に行う
「汚い」イメージの払拭		・事業者団体毎に「住宅リフォーム工事の実施判断の基準」を定め，基準に合致したリフォームを実施し，従来の既存住宅の「汚い」イメージが払拭されていること（※4） （※4）建築後極めて短いものなどはリフォーム不要 ・リフォームを実施していない場合は，リフォームに関する提案書（費用に関する情報を含むもの）を付すとともに，住宅購入者の求めに応じてリフォーム事業者をあっせんすること ・外装，主たる内装，台所，浴室，便所および洗面設備の現況の写真等を閲覧できるようにすること
「わからない」イメージの払拭		下記について情報収集を行い，広告をするときに，当該住宅に関する書類の保存状況等を記載した書面（「安心R住宅調査報告書」）を作成・交付するとともに，住宅購入者の求めに応じて情報の内容を開示すること
	「有」「無」「不明」の開示が必要な項目	建築時の情報 / 適法性に関する情報，認定等に関する情報，住宅性能評価に関する情報，フラット35適合証明書，竣工段階の設計図書
		維持保全の状況に係る情報〈戸建て住宅または共同住宅の専有部分〉 / 維持管理計画，点検・診断の記録，防蟻に関する情報〈戸建て住宅のみ〉，維持修繕の実施状況の記録，住宅リフォーム工事・改修に関する書類

		保険または保証に係る情報	構造上の不具合および雨漏りに関する保険・保証の書類，その他の保険・保証の書類（給排水管・設備・リフォーム工事に関するもの，シロアリに関するもの〈戸建て住宅のみ〉等）
		省エネルギーに係る情報	省エネルギー性能に関する書類，開口部（窓）の仕様に関する情報，省エネ設備に関する情報
		共用部分の管理に係る情報〈共同住宅等のみ〉	修繕積立金の積立状況に関する書類，共用部分における大規模修繕の実施状況の記録
	その他		住宅履歴情報（住宅の設計，施工，維持管理等の情報）を提供した機関に関する事項（機関名，問合せ先等），登録団体毎の独自の取組み（定期点検サービス，住宅ローンの金利優遇等），過去に国，地方公共団体その他の団体から補助金等の交付を受けた実績に関する書類，建築時の販売価格に関する書類，建築時の設計・施工業者に関する書類等

（注）　構造上の不具合や雨漏りを保証する保険：「既存住宅売買瑕疵保険」のこと。購入した既存住宅に構造上の不具合や雨漏りがあった場合，調査費や補修費用などが支払われる。
（出典：国土交通省）

速に進んできた。しかしながら，そのインフラの中でサポートを受けることのできない物件があるのも事実である。その一つに，旧耐震基準のマンションがある。

●築年数別マンションの状況から推測されること

　次に，築年数別の分譲マンションの現状を見てみることとする。これまではハードの問題ばかりが取り上げられ，大規模修繕や建替えの必要性を訴えるデータは多かったが，今後はリノベーションという手法であるハードの再生技術が進歩していくことが予想される。前述のように，空き家率などのデータから，必ずしも空き家の問題はハードによるだけ

第3章 リノベーションで救うマンションの未来

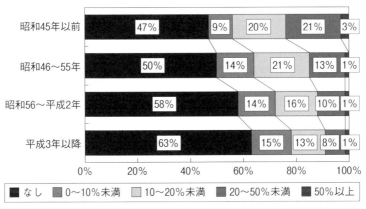

図4 マンション内の「空き家率」—建築時期別（棟数ベース）
(注) 昭和45年以前建設のマンションでは、「空き家率が1割以上」の住棟が4割超。
（出典：平成20年度マンション総合調査）

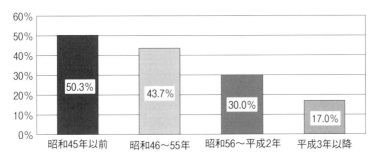

図5 マンション居住者の高齢化の状況（「60歳以上のみ」の世帯の割合）
(注) 昭和45年以前建設のマンションでは、「60歳以上のみ」の世帯の割合が過半数。
（出典：図4に同じ）

ではなく，周辺の市場動向に左右されることが見えてきた。

築年数の経過とともに空き家率が高まる傾向が顕著に現れており，築50年に近いマンションでは空き家率2割超が全体の20％を超え，空き家率1割以上が全体の40％である（**図4**）。

これは，分譲マンションにおける管理を経営的にみると，既に管理費

35

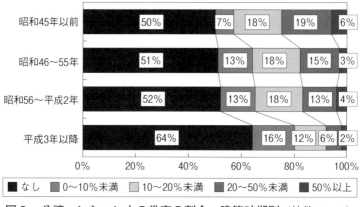

図6 分譲マンション内の借家の割合──建築時期別（棟数ベース）
（出典：図4に同じ）

の滞納など維持管理に大きな問題を巻き起こしていてもおかしくない状況といえる。リノベーション等により一定数のマンションは救済できるものもあるとは思うが，専有部分だけのリノベーションではなく，共用部分に及ぶリノベーションまで行われていかないと，根本の経営改善には繋がりにくい。そのような状況では，何らかの資金調達を考えてもかなり難易度が高くなることが推察され，マンション経営の根幹をゆるがしかねない。

また，築年数別に見た管理上の課題を国土交通省のレポートから推測してみると，その所有者の高齢化も大きな問題である。昭和55年以前の区分所有マンションでは，居住者の40％を超える人たちが60歳以上の年齢である（図5）。区分所有マンションの維持管理をマンション経営として捉えたときに，合意形成の難しさだけでなく，積極的に改善していくことへのエネルギーが足りていかないと推測される。高齢者にとっては，積極的に経営改善を促すというよりも，大きな変化を望まず，自らが居住するために必要な最低限のことの維持管理に徹する傾向も強

く，高齢化も大きな経営課題といえる。

　一方で，貸家として運用する不在区分所有者が増えていることも大きな課題の一つであるといえる。

　築40年を超えると賃貸化されていくマンションが半数を超え，20％以上が賃貸されているマンションが全体の15％から25％程度存在している（図6）。新築マンションの供給が続くエリアにおいては，今後ますますこの比率は高まることが予想される。これは，やはりハードの問題ではなく，需要と供給のバランスの悪さと所有者との居住ニーズとのミスマッチングによって起きており，物件ごとにその改善のための方策を考えなくてはならないことを示している。

3　本当の資産価値ってなんだろう？

●これまでの価値

　　　駅徒歩○分・築○○年・○LDK・大手デベロッパー分
　　　譲・スーパーゼネコン施工・タワーマンション・高層
　　　階・管理人常駐・駐車場率○○％・○○小学校学区・○
　　　○公園至近・遮音等級○○・・・・

　最近の中古マンションの広告には，上記のような文言が散見される。ユーザーがマンションに期待している機能や要件を示しているのだと思うのだが，本当にこれはマンションの資産価値を示す要件なのだろうか？　ここに記載されている機能が本質的に求められているものなのだろうか？　購入したのちの住み心地なのだろうか？

　これまで，デベロッパーは，新しい機能をどんどん採用しマンションの機能性を優位に分譲してきた。また，新しいデザインやインテリアも積極的に取り込んできている。しかし，この機能優先のあり方は，あく

までも商品を売るための，プロダクトアウト的な発想であり，本質的なユーザーの価値観や，物件ごとの特性を考慮したものから大きくかけ離れているような気がする。
　これからは，マンションの本質的な資産価値のあり方について考える必要がある。
　新築供給の抑制や，ストック活用のあらゆる手法を考慮したルール（管理規約）の改善を実践しない限り，マンションの資産価値を向上させることはできない。前述したように，住宅ニーズの強い首都圏や地方中核都市においてはリノベーションという手法が活用され，中古住宅の再活用に気が付き始めている。しかしながら，住宅ニーズが低い地域や住宅以外の需要が強いエリアにおいては，有効な用途に変換するという新たな活性化の手法も取り込んでいかなければ資産価値の維持は不可能になることも考えられる。ハードの改善（リフォーム的再生）のみでは資産価値の維持や向上を目指すことは難しい。住まい方の自由度やその活用を阻害するボトルネックとなる要素を排除していかないと，マンションの空き住戸は増大し続け，また建替えも推進されないまま，簡単には資産価値の向上など望めないということが様々なデータより言えると思う。
　これまでの分譲マンションの価値は，そこに住む人たちにとっての居心地の良さを前提としてきた。一言でいうと，住まいとしての住民の権利の保全を目的にルールがつくられてきた。その前提条件をもとに，管理規約や機能向上を目指したルールや，それに基づいたハードがつくられてきた。もちろん，住宅ニーズの強いごく一部の地域では，そのような価値観に沿った運用方法や機能性を重視したこれまでのルールの延長線上でも，価値を維持するマンションも多くはあるはずである。しかし，ほとんどのマンションにおいて，世の中の大きな流れに逆らえず大きなルールの変更を求められる日はそんなに遠くない。

たとえば筆者が事務所を構えている山手線沿線のマンションは，築年数が約50年に近くオートロックもない40㎡ほどの広さである。おそらく建設当時は，管理規約も現在の標準的なものではなく運用しながらつくり上げてきたと推測される。よって，事務所利用もかなり多い。これは必然であって，偶然ではないと考えられる。オーナーが，自身のニーズと合わなくなり，売却ではなく賃貸を前提として市場に出したときに，住宅家賃と事務所家賃との差異に気が付き，事務所を前提とした入居者から見ると割安に感じられ，住宅家賃で運用を考えていたオーナーからすると事務所で貸した方が高く貸せることに当然に気がつく。マーケットの原理に従い，自然に事務所利用が増えている。結果，住宅市場ではマーケットに選ばれにくいマンションが，所有者にもメリットがある形に変化してきている。もちろん，このマンションでは事務所利用を禁じていない。逆に，このルールがなかったことが幸となり，築年数やオートロックなどの機能にとらわれず良好に維持管理がなされ，資産価値を保ち続けている。

4 事例とともに考える

　様々な市場の変化が予想される地方都市の中心市街地にある築年数の古い分譲マンションの状況を調べてみることで，都市部のマンションにある課題の解決手法が見えてくるのではと考え，具体的に調査してみた。

物件概要：熊本市中央区内。総戸数20戸。オートロックなし。
築年数：1975年築（2019年1月現在・築44年）。
管理状況：分譲当時は自主管理，10年前より管理会社を導入。現在管理規約あり。修繕積立金も増額。

> 運用状況：20戸中11戸は住宅として利用（所有者かどうかは不明）。当時より1階に店舗と事務所が一区画ずつ存在。現在，6戸が店舗として運用（喫茶店1，和服販売のサロン1，オイルマッサージ1，ネイルサロン1，美容室1，アパレル店舗1）。3戸が事務所利用。

　熊本市内の中心市街地に，コンパクトなマンションがある。外から見ると，エントランスの横に事務所スペースがあり，オートロックでもないため一見賃貸マンションのように見えるが，都心の第三次マンションブーム後の1970年代半ばに地場の不動産業者が分譲したマンションである。この頃に耐震基準（旧耐震基準）が設けられている。列島改造論に湧く当時は，熊本市の中心市街地にもおおよそ20棟ほどの分譲マンションが建てられ，新しい居住形態として注目された。東京の分譲マンションの平均価格が1,000万円を超えたのもこの頃である。当時は，いずれも都市の中心部に建設されたため，市場原理からも低層部には店舗や事務所の区画が多く存在している。また，デベロッパーは値上がりを想定した店舗へその利益の一部を投資し，一部を所有していた形跡がある。

　当時より店舗のニーズが強いこのエリアでは，住宅地の拡大や老朽化の波には逆らえず，現在では分譲マンションとは思えないほど，既に全世帯のほぼ半数がテナントという状況である。どのようにしてそのような形になってきたのかを所有者の方に聞いてみると，管理会社への委託が始まり修繕積立金が積み立てられるまでは，いわくつきのマンションだったようである。しかしながら，同築年数の住宅の賃料(6万円前後)と比較しても，管理にかかる負担（管理費・修繕積立金）が3万円強と重く見えてしまうことから，住宅としての評価が出しづらく，価格が非常

第 3 章　リノベーションで救うマンションの未来

に安い状況であった。そこで，セミプロである地元の個人投資家たちが住居以外の活用をすることで，価値の向上が図れることに気がつき，積極的にこのマンションの経営に関わりだしたことがきっかけのようである。このマンションの数々の課題を解決し，積極的に自ら先頭に立って価値をあげようと現在も努力しているとのことである。投資家自身のメリットだけを追求しているのではなく，マンション全体の問題に立ち向かうことで成立していると考えられる。事実，本マンションは，ゲタばきマンションといわれるようなマイナス評価の店舗付きマンションとは異なり，おしゃれな店舗や事務所が空中階にも存在し，外から見る限りは，大きな問題があるマンションというより，この場所にふさわしい整然とした雰囲気すらある。以前はこのマンションの半数が空き家であったことを想像するのはむずかしい。現在では，修繕も適切に行われ，住民間のトラブル等は一切なく，コミュニケーションもしっかりと取られているようだ。

物件概要：熊本市中央区内某所。総戸数 40 戸（別途 2 階に事務所区画と B1 と 1 階に駐車場の区分所有区画あり）。オートロックなし。現在 10 階建てであるが，現行法と照らし合わせると，明らかに既存不適格と思われる。
築年数：1974 年築（2019 年 1 月現在・築 45 年）。
管理状況：分譲当時より自主管理。管理規約あり。修繕積立金も近年増額。
運用状況：40 戸中 15 戸程度は居住者が住宅として利用，その他 25 戸は賃貸として運用中。しかしながら，同一区分である駐車場と事務所部分の管理費や修繕積立金の滞納があり，管理に支障をきたすこととなり，管理組合の理事長と地元投資家が，滞納中の管理費等を肩代わりする条件で所有者よりその権利を

> 受け継ぐこととなる（現在，その事務所と駐車場部分の一部
> を簡易宿泊所に用途変更することを検討中）。

　このマンションは，先に述べたマンションのように様々な運用がなされているというより，事務所部分の管理費や修繕積立金の滞納という大きな課題を抱え，それを乗り越えるために，管理組合を巻き込んだ用途変更をも含めた大改修を行おうとしている，まさに現在進行形で再建に奮闘している。

　しかも，管理組合の理事長が自ら投資まで行い，リスクを背負いながら手がける本当の意味での経営再建中のマンションである。これを地方都市の築古マンションの特殊ケースとして捉えるか，マンションの未来の教科書と捉えるべきか。私は，前述のマンションと同様，これは地方都市に限らず都心部を含めた未来の築古マンションの氷山の一角の貴重な先行事例として捉えるべき事例であると考えている。

　このマンションでは，これまでも管理費等を滞納する区分所有者が年々現れてきたようである。このマンション周辺で調査したところ，60㎡でリノベーションされていないと，家賃はせいぜい6万円程度であった。リノベーションされていれば8万円を超えることもあるようだが，駐車場の少ないこの年代の物件は人気も薄く，リーシングにかなり苦労することが予想された。しかし，事務所用であればおおよそ10万円程度には評価されることが見えてきた。住宅で貸し出しても管理費等が3万円弱になると，積極的には長期での運用が行われず，結果として管理費等の滞納へと進んでいく。滞納が進むと，差押え等のネガティブな風評が立ち，そのような物件を取得するのは心理的に難しくなる。ましてや，一般の方々がそのような状況の物件情報にたどり着くのは不可能に近い。それでは，今後どのようにすることが望ましいのだろうか。

たとえば，airbnb などを活用した民泊となると，熊本であっても，国内はもちろんグローバル市場からの運用となるため，20万円から30万円の売上げも夢ではない。まさに未来を見据えた不動産の運用方法を積極的に取り入れることが資産価値にダイレクトに繋がることは明白である。もちろん，共同住宅という建築的用途との合法性を担保しなくてはならないが。

●事例より都市部のマンションの未来を想像する

　マーケットの数的理屈から見ても，区分所有者の現状から見ても，これまでとは異なる何らかの処方箋を出していかないと，築年数が古くなったマンションは建替えが現実的でない今，財政的にみても，朽ち果てるのを待つのみである。建替えの際に容積率が緩和されるなどのことでもない限り，多様な問題をはらんでいる日本の都市の未来を救うための手法についての議論を管理組合レベルではなく自治体もまきこんで行い，できるだけ早く大きな指針を打ち立てることにより地域ごとにローカライズされた新たなルール作りがマンション管理には必要と考える。先の熊本の事例のように，個人がリスクを負えるような価格であれば，個人レベルでの再建ということも十分に考え得るが，マンションが多い地方都市の中心市街地や都心部においては問題が顕在化してきてからでは遅く，未然に手を打つ必要があるのではと思う。既存のルールの延長でものごとを考えていては手遅れになりかねない。

　この20年間の新築マンションのマーケットの運用ルールの中で最も変わったのは，修繕積立金を大幅に上昇させ，大規模修繕計画を築後30年まで明確化し，大幅な修繕積立金の上昇や負担を生み出さないようにするために計画の透明性を高めたことと，ルールの変更という点では，それまではペットとしては小鳥などしか飼うことができなかったが，

市場のニーズに応じて犬や猫などの飼育が可能となった管理規約のルール改正があげられる。それまでは黙認に近かったペットの飼育を，逆にルールを設けることで，可能にしたのである。これは，ペットを飼育する人が想像以上に増加し，マンション販売に大きく影響すると供給者が判断したからであり，あくまでもプロダクトアウト戦略の一環である。決して住民が自らの資産を積極的に運用することを前提に考えられたものではなく，社会から様々な問題を指摘されてようやく対応を始めたもので，未来を先回りした結果ではない。近年，民泊やシェアハウスなどの運用が問題視され，どちらかというと分譲マンションの運用から締め出す風潮が後を絶たない。もちろん違法性のあるものは論外であるが，現在のようにメディアの風潮に流されて排他的な決断をすることが正しいのであろうか。臭いものには蓋をしろ。生活の邪魔をされたくない。区分所有者以外の住民を排除するような運営。自らの権利を守るためのルール作りは積極的に決議されるが，反対意見が少しでもあるような本来は未来のための積極的な運用ルールが決議されることは稀である。まずは，その風潮を変えていくことが必要である。置かれている状況はマンションごとに大きく異なるが，極端な問題事例をとり上げ，すべてのリスクを排除する決断しか行われないことそのものが大きな問題である。そういった合意形成が難しいのであれば，ローテーションでの役員人事を避け，法人化して役員を選定し，報酬を与え，より積極的に未来を創造する機会を与えることが必要かもしれない。もちろん法人化だけが生き抜く道ではないが，多くの区分所有者が経営再建に積極的に参画するための方策を考え続ける必要はある。本書が，その未来の指南書となることを望む。

第3章　リノベーションで救うマンションの未来

●マンションの未来のために心得ておくべきこと

これからのマンションに必要なことを次に掲げておきたい。

- 理事全員は，日本の不動産や住宅の未来をよく理解すること（耐震性だけが問題ではないこと）。
- マンションは，自分達だけのための財産ではなく，街にとっての重要な社会的資産であると認識すること。
- できない，やれない理由を考えるのではなく，どうすればできるようになるのかを考え続けること。
- 自分のマンションだけは大丈夫であると思わないこと。
- 誰かが何とかしてくれるだろうという他力本願にならず，自ら実践し続けること。
- 資産価値の本質的な向上のために，できることから始めること。
- ハードの再生だけでは，本当のバリューアップは図れないことを理解すること。
- マンションの居住環境の保全とは，利用され続けることで持続可能とするものであり，ルールを厳格化し，様々な可能性を排除することではない。
- デベロッパーの理屈でつくられたルールに従わず，区分所有者の視点で新たなルールを考えること。
- 自らのマンションの良いところを見極め，それを生かすよう考えること。

これまで筆者が共同住宅をつくり上げるもしくは再生するために，既存の分譲システムの中にある問題点を解決するために実践してきたイノベーション（革新）を起こすメソッドの一部を公開することとした。こ

れが，今のマンション管理におけるリノベーション的（問題解決）メソッドである。

　その理由までは，本章で全て説明することはさけるが，少なくとも50棟のコーポラティブハウス事業と40棟近い一棟リノベーション分譲マンションプロジェクトの実践者としての経験からのメソッドである。

　抽象的なメソッドに聞こえるだろう。しかし，実際に建物の状況や周辺環境，そして様々なステイクホルダーの一つ一つの事情があまりにも異なることが現実である。その中で全てのマンションが一つの答えで解決するというのはナンセンスだし不可能でもある。よって，これを機会としてとらえ，おのおの議論する際に頭に入れておいていただけるとよいのではと思う。

● これからの分譲マンション再生に必要なこと
　一戸建てにおける空き家問題は，ステイクホルダーが少なくオーナー（所有者）やそれを活用しようとするプレイヤー次第で解決できることは多い。もちろん，経済合理性のバランスは必要不可欠だとは思うが，そこに自治体や事業者，地域住民の協力があれば，多くの問題は解決する。しかし，分譲マンションとなると，それが突如複雑化して，ほとんどの人は管理組合という任意団体に対してコントロールする意志をもたずに，実際には理事会マターとなっているのが現実である。

　ここから言えることは，それぞれのマンションで起きていることを既成概念や常識にとらわれずに，過去に疑いをもちながら事案を議論していくべきであるし，個人情報や守秘義務という名の下にマンション固有の情報として抱えるのではなく，日本のマンションの未来の教科書としてもっとお互いに事例を共有すべきであり，その解決方法も含めて，事例としてシェアできるようなプラットフォームが必要である。

もっとも，これだけ難易度の高いステージの経営を乗り切るには，優秀な経営者も必要であるし，経営者を支える優秀なアドバイザーが必要である。しかし，実践者が現在の業界には少なすぎる。建替えや大規模修繕を促すコンサルタントは大勢いるが，前出の 2018 年 12 月 8 日発行の『週刊東洋経済』の特集でも指摘されているが，その工事費が高額ゆえに悪質コンサルの問題は後を絶たない。今や手口も巧妙化する一方で，様々な問題点が指摘されている。

　マンション再生のために様々な技術やノウハウの透明化や共有が叫ばれている。今後，ITC の技術がそのプラットフォーム化を容易にし，よりスピード感のある戦略の共有が可能になる。その上で必要な法律や制度設計を実践すべきである。新たな社会システムの構築を行う必要がある。

　先にも述べたように，これからの 20 年間で，住宅マーケットは劇的に変化するのは明白であり，過去に経験したことのない世界に突入する。熊本のマンションで起きている状況を見れば，そのことは明白であり，それに対処する処方箋を当事者として検討し実践していかなくては，破綻する分譲マンションは後を絶たないだろう。

　本書がその契機として皆様の新たな行動のきっかけとなることを祈るばかりである。

第4章

終活の現場から見たマンション管理

旭化成不動産レジデンス株式会社
マンション建替え研究所 主任研究員
エキスパート（不動産コンサルティング領域）
大 木 祐 悟

1 はじめに

　我が国の新築住宅着工戸数は，バブル期前後には年間150〜170万戸に上っていたが，その後は120万戸前後に減少したのち，ここ数年は100万戸を切る状態が続いている。さらに今後についても，たとえば野村総合研究所が2030年度には54万戸（持ち家18万戸，分譲住宅11万戸，貸家25万戸）になると予測している[注1]ように，新築住宅着工戸数はさらに減少するものと考えられる。

　ところで，新築住宅着工戸数が減少し続けている主たる理由としては，我が国が2009年から人口減少社会に転じていることや，国民に占める高齢者の割合の増加が続いていること等が挙げられているが，一方で，人口が継続的に減少するとしても，また国民の高齢化が進行するとしても，我が国では今後も長い期間にわたり一定以上の人口が維持されることを考えると，住み替えを含めた潜在的な住宅ニーズは少なくないといえるだろう。

　そうなると，今後の我が国の不動産市場を活性化させるためには，必然的にストック住宅の役割を高めることが求められてくるはずである。

すなわち，従来は新築に偏在していた我が国の不動産市場を，ストック住宅が評価され流通が促進されるという健全な方向にするチャンスが到来しているともいえるだろう。ところで，既存のストックを良好に維持するためには，その必要性について建物所有者や不動産業者の意識改革が必要となる。具体的には，住宅を長く良好な状態で維持するための努力と，それが価格に反映される仕組みが必要であると筆者は考えている。

　もっとも，住宅の中でも一戸建て住宅については所有者個人が努力すれば建物を良好な状態で維持することは可能となるが，マンションは多くの区分所有者で構成される不動産であることから，維持や管理を進めるときも，また維持や管理のための費用を準備するときにおいても，区分所有者間の合意形成が必要となる。そのため，マンション管理についての区分所有者それぞれの意識や管理組合の運営の巧拙により，築年数が経過しても高いクオリティを維持できているマンションもある反面，築後30～40年にして老朽化が顕著となってしまっているストックも存在している状況にある。都市部における住宅ではマンションは極めて大きな存在であることから，良質な住宅ストックを形成する上でマンション管理の健全化は，極めて重要となることが理解できるだろう。

　さて，筆者は，日ごろは「建替え」や「マンション敷地売却」（以下，この二つを総合して「マンションの終活」という）の視点からマンション再生問題に対峙しているが，筆者の経験では，既存の建物の解体を伴う出口戦略を検討する場面において，マンションにかかる課題が極端な形で顕在化することが少なくない。そして，これらの課題の中には，日ごろからのマンション管理につながる事項も多く含まれることから，以下，その経験を踏まえてストックマンションの価値を維持するために必要な点について述べることとする。

2 建物を活かした再生とマンションの終活の境界について

●管理と再生の定義

　マンションの高経年化が進んだ結果，さまざまな不具合が顕在化してくると，共用部分を「修繕」することで建物の効用を維持するか，「改修」することで建物の効用を回復するか，あるいは「マンションの終活」を進めるかについて，管理組合内部で検討が始まるようになる。そこで，管理と再生を考えるにあたって，まずは文言の定義から考えてみよう。

　マンションの築年数が経過すると，建物の維持管理のため定期的に大規模修繕を繰り返すことが必要となるが，大規模修繕のように建物竣工時に近い状態を維持するために計画的に行う手続きは「管理」であると定義づけすることができる。なお，特に大規模修繕工事に際しては費用も高額となることも少なくないが，費用の多寡にかかわらず大規模修繕は建物の現状を維持するために行う工事である。

　これに対して，たとえば耐震性に問題があるマンションについて耐震改修工事を行うことや，エレベータのない4～5階建てのマンションにおいて区分所有者の高齢化等の事由によりエレベータを新設するようなことは，建物の新築時の状態を維持することではなく，建物をその時代において求められる水準に近づけるための手続きであることから，これらの工事は「管理」というよりも「再生」と分類すべきであろう。なお，多くの場合，再生にかかる工事は長期的な計画のなかで予定されているものではない。

　また，「再生」については，耐震改修等のように建物を活かした改修（以下，「狭義の再生」という）と，建物の解体をともなうマンションの終活（終

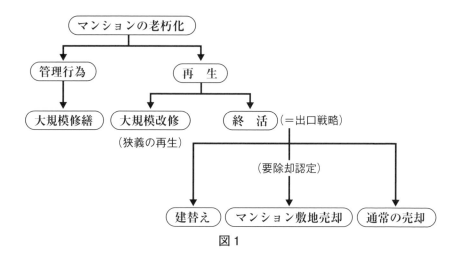
図1

活の手法は「建替え」と「売却」のいずれかとなる）とさらに二つに分類することが可能である（図1参照）。

● **本章における基本的な考え方**

ところで，理論的には，管理と再生については以上のように分類することができるが，現実の高経年マンションにおいては，管理行為の一環である大規模修繕や狭義の再生（すなわち，既存建物を活かした再生）を進めるか，あるいはマンションの終活（すなわち，既存建物の解体を伴う再生）の方向で進めるかということが議論されることが多い。

そこで本章においても，「再生」という言葉の定義の如何にかかわらず，基本的には「修繕」と「改修」をひとくくりにして，高経年マンションの再生問題については「修繕や改修」と「終活」の二つの方向性があることを前提に話を進めることとする。

さて，再生の検討が必要なマンションの管理組合が，「修繕や改修」と「終活」のいずれの方向性を選択するかについて何らかの判断基準は

第4章 終活の現場から見たマンション管理

図2　再建前の同潤会江戸川アパートメント
(出典：旭化成不動産レジデンス（株）)

あるのだろうか。

この点については，客観的かつ明確な判断基準を設けることはできず，どこまでいってもそれぞれのマンションの区分所有者の判断によることとなる。ただし，筆者の経験上は，次の4つの事由のいずれか，あるいは複数に該当するようなマンションにおいては，終活の方向で進むことが多くなる傾向にある。

a. 建物の老朽化が見た目にも進んでいるマンション（物理的な老朽化の進行）
b. 社会的な老朽化が顕著で，改修では対応が困難なマンション（社会的な老朽化の進行）
c. 耐震性に問題があるマンション
d. その他，何らかの理由から区分所有者の圧倒的多数が出口戦略を望むマンション

このうちaの「物理的な老朽化」とは，具体的には図2のようなケースが典型といえるだろう。なお，物理的な老朽化については，老朽化が見た目にも明らかな状況のほか，ライフラインの老朽化により漏水事故等が頻発しているような状況も含まれる。

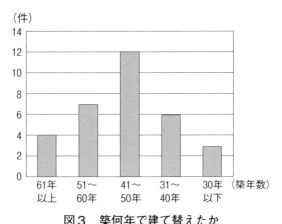

図3　築何年で建て替えたか
（出典：旭化成不動産レジデンス(株)の建替え事例より）

　次に，bの「社会的な老朽化」とは，専有面積や階高や天井高，また床や界壁のコンクリートの厚さ等の建物のスペックが現在の建物で求められる水準からかけ離れてしまっている場合に加えて，電気容量の低いことや4～5階建ての建物でありながらエレベータのない状態等も含まれる。もっともこの中でも，電気容量の増加やエレベータの新設はともかくとして[注2]，専有面積や天井高，床や壁の厚さ等の問題については建物を活かした再生手法では抜本的な解決は難しいだろう。

　また，耐震診断をして耐震性に問題があることが明らかとなったマンションにおいては，耐震改修ではなく終活の方向に舵を切るケースも少なくない。特に耐震改修とともに建物の大規模修繕も必要とされるようなときには相当な出費が必要とされることとなるため，「そこまでの費用負担をかけるのであればむしろ建替え等を選択する」と判断する管理組合も出てくるためである。

　ところで筆者は，「建物を活かした再生か，マンションの終活か」の方向性について検討をしている管理組合の役員等から，「築何年くらい

第4章　終活の現場から見たマンション管理

でマンションの終活に進むべきか」という質問を受けることがあるが，建物の残存耐用年数はその建物の施工状況やその後の管理の良否で大きな違いがあるため，単純に「築○○年で建て替えなければいけない」という考え方をするべきではないと考えている。

ちなみに，旭化成不動産レジデンス(株)が本書の執筆時点で実現している 32 のマンション建替え事例について分析すると，建替えのために建物を解体した時点の築年数は，築後 27 年から築後 69 年まで様々であったが，これらを単純に平均すると築 45 年強となっていた。もっともこの数値は，一企業が建て替えたマンションについて分析した参考数値に過ぎず，マンションは築 45 年が経過すると終活の検討をしなければならないことを意味するものではないことを念のため付言しておく。

3 マンションの終活を進める中で感じるマンション管理の課題

● 管理組合のガバナンスとコンプライアンスの必要性

マンションの建替えを進めるときは区分所有者と議決権の各 5 分の 4 以上の決議が必要となるし，マンション敷地売却については，特定行政庁から要除却認定を受けるとともに，買受人が都道府県知事等から買受計画の認定を受けたうえで区分所有者，議決権および敷地利用権の持分価格の各 5 分の 4 以上の決議が必要となる。

いずれも決議のハードルが極めて高いため，マンション管理を担う者は，これらの手続きを進める際はコンサルタントや事業会社等に合意形成を丸投げするのではなく，管理組合の役員らによる区分所有者に対しての積極的な働きかけも不可欠となることを理解しておくべきである[注3]。すなわち，日ごろから管理組合のガバナンスが効いていて適切

55

な管理がなされているマンションでは，ハードルは高いものの，マンションの終活にかかる合意形成が可能となることも少なくないが，そうでないマンションが終活の検討をするときは，まず管理組合の活動を正常化することから対応することが必要となると考えるべきだろう。

　また，マンションの終活の手続きを進めるときは，法律や規約を厳格に解釈して対応することも必要である。すなわち，マンションの終活の検討に際しては管理組合のガバナンスに加えて，管理におけるコンプライアンスも重要な要素であると考えるべきだろう。

　そもそも，日常的な管理においては，法や規約を厳密に解釈しなくても管理組合の執行部を追及する区分所有者はほとんどいないことから，管理会社も管理組合の執行部に対して厳格な手続きは求めていない傾向にある。しかしながら，管理組合の役割は区分所有者の大切な資産であるマンションの価値を維持することであるし，多くの場合，管理組合は多額の修繕積立金や管理費等の管理もしていることを考えると，日常活動においてもコンプライアンスは重視すべきである。

　以下において，筆者の経験からマンション管理の課題について特に重要と思うところを挙げてみたい。

●区分所有者の管理への参加意識

　マンション管理において一番重要なことは，各区分所有者が管理の必要性について十分に認識し，そのうえで管理活動に積極的に参加することであろう。

　マンションは，鍵一本で生活できることと構造上の独立性が顕著なことから，周りと交わりたくない人物が好んで居住することも少なくないようである。しかしながら，区分所有権の対象である専有部分は各区分所有者の所有物であるが，専有部分以外の廊下や階段等の共用部分はも

第4章　終活の現場から見たマンション管理

とより，建物の構造体や土地等は区分所有者全員の共有物である。

　マンション管理とは，区分所有者全体で共用部分や建物の構造等の管理をすることであり，この点がおろそかであると，前述したように建物の本来の耐用年数に至るよりはるか前の時点において「老朽化」が顕著になることがある。また，建物の老朽化が顕著になることは，区分所有者にとって大切な資産であるマンションの価値も大きく毀損することにつながるため，区分所有者こそ積極的にマンション管理に参加すべきなのである。

　なお，東京都のマンション総合調査によると，管理組合における問題点として「役員の担い手がいない」等の事項が高い割合を占めている。このような課題に対応するに際して管理組合の役員らは区分所有者に，単に「管理組合活動に積極的に参加しよう」と働きかけるだけでなく，建物の資産価値の維持を区分所有者に意識させることが，結果としてマンション管理の必要性を理解させる便法の一つではないかと筆者は考えている（その他，防災活動を通して，区分所有者の管理に係る意識を向上させる動きも各所で始まっている）。

● 計画的な維持修繕の必要性の認識

　マンションを適切に管理するためには，前述のように区分所有者に管理にかかる意識を持たせたうえで，建物を計画的かつ適切に維持修繕することが不可欠である。現実に，建物の維持修繕には多額な費用がかかるので，多くの区分所有者が大規模修繕等の必要性を感じていたとしても，必要な費用の用意ができていないと合意形成が進まないこともあるためである。そのため，マンションごとに長期修繕計画を策定して，当該計画に則った計画修繕を行うとともに，そのための費用である修繕積立金を適切に積み立てることは不可欠である。加えて，建築物価等も変

動することから，単に長期修繕計画を作成するだけではなく定期的に見直しをすることも必要である。

ところで，高経年マンションを中心に，修繕積立金の額が過少な状況にあるために必要な修繕ができない管理組合から，このような場合の対応策について相談を受けることがある。

すなわち，修繕積立金が過少であるときに必要な大規模修繕等を進める際には，各区分所有者からまとまった一時金の拠出を求めるか，あるいは金融機関等から借入れをすることが必要となる。しかしながら，現実には，毎月の積立も十分にできていないマンションにおいて，区分所有者に一時金の拠出を求めることは困難なことが多いし，金融機関が管理組合を対象に修繕費等の融資をするときは，金融機関は修繕積立金を返済原資として考えているため(注4)，修繕積立金が過少であれば借入れ可能な資金も過少となってしまう。そこで，「何かいい手法はないか」と藁にもすがる思いから，このような質問がでてくるのだろう。

もっとも，天からお金が降ってくるわけではないし，他に何か特別な対策があるわけでもない。そのため，この件についての相談者に対しては，それぞれの管理組合で修繕積立金を増額することについての必要性を区分所有者に認識させたうえで，少しずつでも増額するように努力しなければならない旨を理解してもらうようにしている(注5)。

● 区分所有者の把握

マンションの高経年化が進むと，マンション内に居住する区分所有者は相対的に減少して，専有部分を第三者に賃貸するケースや空き家のまま放置してしまう事例も増えてくる。

ところで，マンション内に居住している区分所有者については，その人物をとりまく状況も管理組合の側である程度把握することが可能であ

るが、マンション外に居住している区分所有者は、区分所有者の側から管理組合に対して積極的に連絡してこない限りは、管理組合サイドでその状況を把握することは難しい。たとえば、区分所有者に相続が発生したときを想定すると、管理組合が相続の事実を把握できずに亡くなった区分所有者に対して区分所有者集会の通知を送り続ける可能性があるし、区分所有者の側も亡くなった人の名義で委任状や議決権行使書を送付していることさえ考えられる。

ちなみに、亡くなった人物名義で送られてきた議決権行使書や委任状は当然ながら有効性に問題があるが、現実の管理においては、集会の決議に際して以上のような議決権行使書や委任状が含まれていることは十分に考えられることである。

昨今は、個人情報の管理を厳格に求める人が増えているため、管理組合の側が区分所有者個人の状態について把握することは難しくなっている。しかしながら、建物を適切に管理するためには、管理組合の側でも区分所有者について最低限の情報を把握するための努力が必要であるし、区分所有者の側もこれに協力すべきである。もちろん、この場合においても個人情報の保護は厳格に行われる必要があることは大前提となる。

●法や規約に基づいた手続きを行っていないケース

そのほか、筆者のこれまでの経験では、特に区分所有者集会の手続きにおいて、法律や規約に則った手続きをしていないケースが散見される。細かな点を指摘するときりがないが、よく見られる事例をいくつか紹介する。

① 修繕積立金の目的外支出

修繕積立金の使途は規約で規定されているため、区分所有者集

会の決議があったとしても修繕積立金を目的外に利用すべきではない。しかしながら，修繕積立金の使途のなかに「建替え計画の検討にかかる費用」が規定されていないにもかかわらず，建替え計画の検討にかかる費用を予算に計上して区分所有者集会の決議をしたうえで修繕積立金から支払っているようなことも散見される。実際にこのような手続きを進めたとしても，そのことが問題視されることは多くないかもしれないが，仮にこうした手続きに異を唱えて管理組合運営の進め方を問題視する区分所有者がいるときは，執行部に対して不信感を持つ区分所有者が出てくるかもしれない。

② 当初予算に計上していない費用の支出

　管理組合は事業計画と予算に基づいて活動する団体である。そのため，期初において計画していなかった活動を期中から行うこととなったときは，区分所有者集会（臨時集会）を開催したうえで，事業計画と予算を修正しなければならない。

　たとえば，期の途中から建替え計画を進めることになるときは，区分所有者集会を開催して，その期の事業計画の中に「マンション建替えの検討」等の項目を入れるとともに，予算も修正して建替えの検討にかかる費用をあらためて予算化しなければならない。ところが，現実には，区分所有者集会で建替えの検討を進めることは決議しても，事業計画と予算の変更までは決議せずに予備費を取り崩して予算を捻出するようなケースが散見されるし，中には理事会決議だけで予備費を取り崩して建替え検討費用をまかなうようなこともある。

　もっともこの点についても，その事実を問題視する区分所有者が出なければ，そのままスルーされてしまうだろう。ただし，こ

うした手続きは厳密に行われるべきであるし，そうすることが適確なマンション管理につながるのではないだろうか。

③　共有住戸における議決権の行使

　区分所有権が共有されているときには，共有者の中で議決権を行使する者一名を選出し，その者が議決権行使を行わなければならない（建物の区分所有等に関する法律（以下，「区分所有法」という）第40条）。具体的には，議決権行使者を明記し，当該人を議決権行使者として指定する旨を記載して共有者全員による署名押印をした書面を集会招集者に提出したうえで，当該議決権行使者が区分所有者集会において意思表示をすることが必要とされる。

　ところが，実際には，このようなときであっても共有者の一人が特に議決権行使者を指定する書面も提出せずに区分所有者集会に参加して賛否の意思表示をしていることや，共有者の一人が個人名を記載したのみの委任状を提出していることが多く見受けられる。仮に，区分所有者集会においてギリギリで決議されているような事項の中で，賛成の意思表示の中にこのようなものが含まれているときは，そもそも決議の成立に問題があることになる。

●規約がないマンション，規約に問題があるマンション

　旧建設省が中高層住宅標準管理規約を始めて公表したのは1982年のことであった。すなわち，それ以前はマンションの規約を作成する際に特にベンチマークとなるものがなかったため，マンション供給業者の中には規約を設定せずに分譲していることもあったし，規約が設定されているときでも内容に大きな問題をかかえているものがあった。

　ところで，区分所有法では，管理組合法人については規定されているが，法人格のない管理組合については特に規定をおいていない。そのた

め，法人格のない管理組合が活動をするためには基本的には適法に設定された規約が不可欠となるので，規約の内容やその設定に瑕疵があることは大きな問題である。

たとえば区分所有法においては，区分所有者集会の招集は管理者が行うことと規定している（第34条第1項）なかで，多くのマンションでは理事長が区分所有者集会を招集することができている理由は，規約において理事長が区分所有法の管理者である旨が規定されていることによる。したがって，規約がないマンションであるにもかかわらず，「理事長」がいて，その「理事長」が区分所有者集会を招集しているとすれば，それらの手続きには問題がある可能性がある。

もっとも，管理者は規約もしくは集会で定めることができる（区分所有法第25条第1項）ので，仮に規約が設定されていないマンションであっても，適切に招集された区分所有者集会において適法に管理者を定めていて，その管理者が「理事長」と呼ばれている場合には問題ない。ただし，規約のないマンションでこの手続きが厳密に行われているかといえば，疑問を感じることも少なくないように思われる。

● **外国人区分所有者について**

不動産投資の世界に国境がなくなるにつれ，我が国の不動産を所有する外国人も増えてきている。特に，都心部等の一等地においては外国人の区分所有者の存在も普通になりつつあるが，マンション管理は当然ながら外国人区分所有者も含めた区分所有者全体で対応することが必要となる。

外国人の区分所有者がいる場合で，特に問題となるのは非居住のケースであろう。具体的には区分所有者集会等の通知先が明確であるか否かの問題である。

登記簿を確認すれば区分所有者の登記上の住所地は判明するが，たとえばアメリカ人の場合は平均すると10年に一度は転居するともいわれているが，転居するたびに日本に所有する不動産の登記上の住所を変更する可能性は低いだろう。そのため，区分所有者の側から住所変更等について管理組合に連絡してこない限りは，連絡先も不明となってしまうこととなりかねないし，外国人の場合は戸籍等で現住所を確定することは容易ではない。

　加えて，日本の登記簿では，外国人の名前や住所はカタカナ表記となっているため，馴染みのない言語を使う国の国民が母国に居住しながら日本に投資用マンションを有しているときは，そもそもその人物に対して区分所有者集会の招集通知を送ることが困難となることもあるだろう。

　以上のことを考えると，不在外国人の区分所有者がいるマンション（あるいは今後，そうした区分所有者が出てくることが想定されるマンション）では，規約の工夫のほか，連絡先等についても対応策を整理しておくことが必要ではないだろうか。

●その他，マンションの類型ごとに見られる問題

　マンションの管理において共通する問題以外に，マンションの類型ごとに考えられる問題について言及する。

① 高経年マンションにおいて見られる問題

　　高経年マンション問題を考える際に留意すべき事項としては，建物が古くなるとともに管理不全により老朽化が進んだもののほかに，特に1983年の区分所有法改正以前に供給されたマンションにおいて散見されることとして，「土地と建物の分離所有が可能であったこと」による問題が考えられる。この1983年以前に

供給されたマンションで見ることができる事項としては，次のようなものがある[注6]。
　a. 相続等の際に敷地利用権と区分所有権を別々の人物が相続しているケース
　b. 建築確認後，マンションを売却する時点で，敷地の一部を分筆したうえで当該部分をマンション分譲会社が所有権留保して分譲する等の事由で，マンションが当初から既存不適格となってしまっているケース（あるいは，等価交換マンションを企画する際に，分筆した土地は地主にそのまま帰属させ，地主が区分所有者等に駐車場として貸しているようなケースも散見される）

② 複合用途型のマンションにおいて見られる問題

　複合用途型のマンションでは，住宅所有者と非住宅所有者との間で紛争が生じていることも考えられるが，このようなマンションでは管理組合の運営が事実上困難となっているものもあるだろう。

　そのほか，複合用途型のマンションにおいては，住宅所有者だけで管理組合を構成しているものの，非住宅所有者を含めたマンション全体を管理する管理組合が組織として構成されていないこともある。

　なお，区分所有法第3条により，その区分所有建物の共用部分等を管理する団体は当然に存在するとされているため，区分所有者が意識しているか否かにかかわらずマンションを管理する団体は存在する。ただし，規約が設定されていないマンションにおいては，適切なマンション管理は困難であろう（加えて，そうしたマンションでは，計画的な維持修繕ができない可能性が高いと思われ

③　団地型のマンションにおいて見られる問題

　団地型のマンションにおいては，区分所有法の定めに適合しないケースもあるほか，規約に問題があることも少なくない。本章では細かな問題点の指摘は割愛するが，単棟型のマンションとは違う留意点があることを述べておきたい[注7]。

4 課題への対応とこれからのマンション管理

●建築時期ごとの分類

　2000年にマンション管理の適正化等に関する法律（以下，「適正化法」という）が制定され，マンション管理会社が届け出制になったことにより，問題のある管理会社を淘汰することができたし，マンション管理士が誕生したことにより，管理組合がマンション管理について相談できる体制も構築された。

　さらにインターネットの進化によって，普通の区分所有者でも，マンション管理に関して詳細な情報を容易に入手できるようになったので，意識の高い区分所有者が多いマンションでは，管理の質をより高くすることが可能な状況にある。しかしながら，現実には前項で述べたような問題をはじめとして管理に問題を抱えているマンションは少なくないし，関与する管理会社やマンション管理士が必ずしも適格なアドバイスをできていないという話も聞いている。

　ところで，前項において，1983年の区分所有法の改正以前と以後でマンションを分類したが，同法は2002年にも改正されている。2002年は，適正化法ができた翌々年であることから，この年以降に供給されたマンションは，それまでと比較すると管理の質は高くなっているものと考え

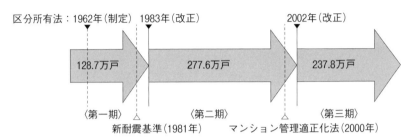
図4　2017年12月末日現在における各時期のマンションストック

られる。以上の理由から，ここでは，区分所有法の改正の年をベースにして，既存のストックマンションを三つに分類し，それぞれのグループごとに今後の管理における留意点をまとめてみたい。

●第一期のマンションについて

　第一期のマンションの中には，前項で述べたようなものがあるほか，この時期は，毎年のように住宅の水準が向上していた時期であるため，昨今のマンションと比較すると，床面積，天井高，床や界壁のコンクリートの厚さ等の建物のスペック（仕様，性能）に問題があるストックが少なくない。また，旧耐震マンションのほとんどもこの時期に供給されている(注8)。

　加えて，この時期は長期修繕計画の概念も一般化されていなかったので，マンション管理についての意識も希薄であり，計画的な維持修繕ができていないストックも多く，修繕積立金の残高も低いままであることも少なくない。そして，その結果として，必要以上に老朽化が進んでしまったマンションも相当程度存在することが想定される。

　一方で，第一期に属するマンションの全てが問題のあるストックではなく，この時期のマンションの中にも良好に管理されているストックもある。たとえば1971年に分譲された京都の西京極大門ハイツなどは，

第 4 章　終活の現場から見たマンション管理

その良い例であろう(注9)。

　以上から，第一期に分譲されたマンションについては，その良否を見極め，今後も良質なストックとして一定期間維持すべきストックと，ある時期を目途に終活を目指すストックに分類して管理を考える必要があるだろう。

●第二期のマンションについて
　第二期の初期に分譲されたマンションの中にも，昨今のマンションと比較するとスペックが見劣りするものがあると考えられるし，管理に問題のあるマンションもないとは言えないが，この時期に分譲されたマンションの多くは一定レベル以上の機能を有しているし，居住性も悪くないものが多いとみなすことができる。

　ところで，マンションにおいて長期修繕計画の策定が一般化したのは1990年代の半ばくらいであるため，この時期以降に供給されたマンションの多くは，修繕積立金の額も一定の基準を満たしているし，定期的に大規模修繕もされているから，比較的良好なストックを形成しているといえるだろう。また，当初は長期修繕計画がなかったマンションでも，途中から策定をして修繕積立金の見直しが行われているものが多いようである。

　以上のように考えると，第二期のマンションの多くは，今後も適切な管理をすることで長きにわたり良好なストックとして維持されるようにすべきである。

　なお，第三期のマンションはさらに良質なストックが多くなるだろう。

●ストックマンションにかかる情報開示の必要性
　以上，主として「管理」を中心に議論を展開してきたが，最後に，ス

トックマンションにかかる情報開示の必要性について言及したい。

　我が国のストック住宅市場を活性化させるためには，第一にストックを良好な状態で維持管理することが求められるが，この点に加えてストック住宅の質について適切な情報が開示されることが不可欠である。一戸建て住宅においては建物全体のインスペクションを含めて対応は容易であるが，マンションの場合は個々の専有部分については区分所有者の協力で検査は可能であるが，共用部分については管理組合の協力なしにインスペクションをすることは困難である。

　その意味では，ストックマンションの流通においては，管理組合の側も共用部分のインスペクションに協力するほか，設計図書等を含めた情報開示にも尽力する体制を構築することが必要であろう。

　なお，共用部分を含めた建物のインスペクションに加えて，特に終活の検討を始めているストックマンションにおいては，終活に関連する情報の開示も極めて重要な事項となることがある。具体的に述べると，終活を検討しているマンションにおいては，建替えやマンション敷地売却を前提としたマンションの価値と，そのマンションの市場流通価格に乖離が見られることがあるが，この情報は買主にとって極めて重要である。特に既存不適格マンションにおいては，終活を前提とした評価が市場流通価格を大幅に下回ることもある。ストックマンションの流通に際してこの事実が適切に開示されないと，ストックマンションの買主は結果的に割高なストックマンションを取得することとなるが，このような区分所有者が増えると，マンションの終活にも大きな影響を与えることとなるが，加えてストック市場の信用を毀損することになりかねない。その意味では，ストックマンションの流通に際して，終活における情報の開示も重要事項として説明されるべきではないだろうか[注10]。

5 おわりに

　我が国の住宅の耐用年数は欧米各国と比べると短いといわれているし，これまでに建て替えられたマンションも平均すると築後50年に満たない。

　建物を適切に管理することで良質なマンションストックを形成することに加えて，ストックマンションについて適切な情報開示がなされることにより，我が国のマンションがより適切な状況で維持されることを祈念して本章の結びとしたい。

(注1)　同社の2017年6月20日のプレスリリースより引用。

(注2)　2017年に建替え決議がされ，築後61年で解体された四谷コーポラスでは，築30年を経過した時点で管理組合の特別多数決議により電気の引込み線から交換し，電気容量をあげている。もっとも，初期のころにつくられたマンションで電気容量が低いケースでも，そこまでの対応はできていないケースが多いようである。

(注3)　コンサルタントや事業会社の担当者が必死になって合意形成に取り組んだとしても，区分所有者の側からは「仕事でやっている」としかみられないこともあるが，理事長や管理組合の役員が再生に向けて一生懸命動いている姿は，区分所有者を動かす原動力となることが多くある。

(注4)　たとえば，独立行政法人住宅金融支援機構（以下，「支援機構」という）の「マンションリフォームローン」における修繕積立金や規約に関する要件と融資限度額を示すと以下のように整理できる（支援機構のホームページから転載）。

　　◇修繕積立金・管理規約に関する要件
　　　①　毎月の返済額は，毎月徴収される修繕積立金の80％以内であること
　　　②　修繕積立金が1年以上定期的に積み立てられており，滞納割合は10％以

　　　　内であること
　　　③　修繕積立金の管理費等との区分経理ができていること
　　　④　規約に修繕積立金の管理費等への流用可能条項がないこと
　　◇融資額（以下の①から④までのいずれか少ない額）
　　　①　工事費の80%
　　　②　150万円/戸（耐震改修工事を行う場合は500万円/戸）×住戸数
　　　③　工事費－補助金（耐震改修等で補助金が交付される場合）
　　　④　毎月徴収する修繕積立金の額に対する毎月の返済額の割合が80%以内
(注5)　かつて，築40年を超えるマンションで，区分所有者の過半数が70代以上で修繕積立金が不足しているマンションの理事長から，この問題について相談を受けた際に，筆者が管理組合の自助努力を促したときに，その理事長から「年金生活者が多いため，修繕積立金の増額は無理である」といわれたことがある。しかしながら，仮にそうだとしても，マンションは自分たちの財産であることと，快適に安全で暮らすためには大規模修繕は必要であるため，毎年1,000円でも2,000円でもよいので，少しずつ修繕積立金を増やす努力をしてほしい旨の話をしたところ，5年ほど経過したときに，その理事長から，区分所有者に修繕積立金の改定の必要性を説明して毎年修繕積立金を増やす努力をしたおかげで，やっと大規模修繕の目途がついた旨の連絡を受けたことがある。
(注6)　拙著『最強マンションの選択眼』ロギカ書房，107～112頁。
(注7)　拙著・前掲書154～163頁等。
(注8)　一般に1981年以前に供給されたマンションが旧耐震マンションといわれているが，1981年5月31日までに建築許可を受けたマンションが旧耐震マンションとなる。建物は建築許可を受けた後に着工することと，マンションの場合は工期が1.5～2年を超えるものもあることから，1982年から1983年に竣工したマンションの中にも旧耐震マンションは多く含まれていると思われる。
(注9)　『マンションの終活を考える』（浅見泰司・齊藤広子編著，プログレス，2019年刊）において，田村誠邦氏が詳しく述べている。
(注10)　拙稿「建替えを検討しているマンションの中古流通価格における課題」『不動産学会誌』Vol.30, No.1（第116号）。

第5章
マンションの"管理"を考える

横浜市立大学 国際教養学部 教授
齊　藤　広　子

1 はじめに

　マンション管理は新しい局面を迎えている。これをマンション管理の第4の時代と呼ぼう。今までに想定していたこと以外のことが起こっている。マンションでは再生の困難さにくわえ，住戸の民泊としての利用，所有者や居住者のグローバル化による問題，そして管理不全マンションまで登場している。今後，管理をどのようにすればよいのか。これらの問題は，マンションだけで解決できるのか。新たなマンション管理のための社会システムを構築する必要があるのではないだろうか。

2 マンション管理の第4の時代

　いま，マンション管理は第4の時代に入ったといえる。
　第1の時代は，1983年より以前になる。建築の世界では，耐震基準に関しての建築基準法の改正があった1981年を1つのラインにして，旧耐震基準と新耐震基準に分けて考えるが，マンション管理の世界では，マンションを支える区分所有法の大改正が行われた1983年を1つのラインと考える。1983年に区分所有法が大改正され，国はマンションの

標準管理規約，そして標準管理委託契約書を整備し，日本でのマンション管理の標準版という考え方を示すようになる[注1]。それに先駆けて，1980年に国が初めて全国的なマンション調査を実施している。第1の時代は，マンション管理に社会的な関心が低く，管理費の設定や，修繕積立金という考え方も十分ではなかった時代である。

第2の時代は，2000年のマンション管理適正化法が制定されるまでである。区分所有法は改正されたが，管理がそれほどまだ重要視されていなかった。しかし，次々と社会問題としてマンション管理の問題が表面化し，2000年に向かって「マンションの管理の重要性」について社会として共通の認識を持つことになる。

マンションでは区分所有者全員により管理組合が結成される。管理組合を日常的に支援するのが管理会社である。しかし，マンションの管理を行う会社もさまざまである。1985年にはマンションの管理会社の任意の登録制度が始まる[注2]。1985年には全国からマンション管理に関する相談ができるマンション管理センターが設置される。さらに，日本の各地で管理組合の連絡協議会などのネットワーク化が進み，それを全国でさらにネットワーク化されたのが1986年で，全管連（NPO法人全国マンション管理組合連合会）という形で，全国レベルで管理組合と管理組合が横につながる組織ができあがる。

バブル経済期の1992年には，全国の管理組合の連絡協議会や，マンションにかかわる弁護士が中心となり，法律や建築の研究者，実務家，管理組合の人々で，日本マンション学会を設立し，マンションを学際的に実践的に議論する場がつくられる[注3]。

さらに1992年には，政策面でもマンション管理に関して具体的な方針が示される。建設省が，中高層分譲共同住宅（マンション）に係る管理の適正化および取引の公正確保[注4]として，①管理規約の適正化とし

て「標準管理規約」を指針として活用すべきであり，標準管理規約との違いを管理組合に示すこと，②管理業者による管理業務の適正化として，「標準管理委託契約書」を指針として活用すべきであり，標準管理委託契約書との違いを管理組合に示すこと，また管理費，修繕積立金等の保管については，その預金口座を管理業者名義にすることがないように，③長期修繕計画の策定の促進および修繕費用の適切な積立て，④宅地建物取引業者によるマンション取引の適正化として重要事項説明，広告，修繕の実施状況の開示等を示した。

1997年には，標準管理規約は今までは1種類しかなかったが，単棟型，2棟以上ある場合の団地型，そして，店舗がある場合の複合用途型と，3種類が用意されることになる。つまり，このころからマンションの多様化が意識されていく。そして，1999年には，総務庁の管区行政監察局等の調査結果を踏まえ，高層分譲共同住宅の管理等に関する行政監察の結果に基づく行政監察局長通知事項(注5)として，①管理業者登録の推進と問題がある場合の削除等も含め，登録管理業者情報の開示促進，②重要事項説明項目の見直し，アフターサービスに関する書面交付，③標準管理委託契約書の普及と，修繕積立金の預金口座名義を管理組合の理事長名義に限定することが示される。こうして，マンション管理の実態調査を踏まえ，マンションを取り巻く環境の整備が進められてくる。

しかし，第2の時代というのは，あくまで国が「分譲会社よ，しっかりやれ」「管理会社よ，ちゃんとしろ」と，また管理の主体である管理組合，区分所有者に，「あなたたち，頑張りなさいね」と啓発する程度であり，マンション管理の適正化に直接関与することはなかった時代である。

1999年に衆議院予算委員会で，マンション問題の質疑となり，国会で本格的にマンション問題が取り上げられる。内容は，マンションの相

談，協議会の設置，修繕積立金の住宅金融公庫（現・住宅金融支援機構）での受入れ，管理会社の格付け等であった。これらのうち，管理会社の格付け以外は実施されることになる。こうした流れから，マンション管理適正化法が2000年に成立することになる。

　第3の時代は，当時，「マンション管理の新時代」と呼ばれていた。マンション管理適正化法（マンションの管理の適正化の推進に関する法律）では，管理組合，区分所有者が主体となって管理することが改めて位置づけられ，そのための支援体制が整備されている。

　日本のマンション管理のあるべき姿を示す責任が国にあり，国，地方公共団体は管理組合を支援する。さらに，マンションの管理を適正に行うためには，管理組合の運営，建物等の維持・修繕等に関する専門的知識が必要となる。しかし，管理組合の構成員であるマンションの区分所有者等は，これら専門的知識を十分に有していないことが多いことから，マンションの区分所有者等に対し，適正なアドバイスを行う専門家として，マンション管理士が国家資格として新たに創設された。

　また，マンションを適正に維持管理するには，建物・施設等の長期修繕計画をあらかじめ作成し，これを的確に実施することが重要になる。しかし，現実には，マンションの維持管理に必要な建物等に関する設計図書が分譲会社から交付されていない，あるいは設計図書が紛失した等があり，管理組合が建物等の必要な情報を把握できず，計画修繕に支障をきたしている事例があった。そこで，分譲会社（宅地建物取引業者）が，自ら売主としてマンション（新たに建設された建物で人の居住の用に供したことがないものに限る）を分譲した場合においては，1年以内に管理組合の管理者等が選任されたときは，速やかに，当該管理者等に対し，当該建物またはその附属施設の設計に関する図書を交付することになった。また，すべての管理会社が国に登録する制度となり，国に登録する

には，管理業務主任者（国家資格）の設置などが必要となる。

ここで，頑張るマンション，頑張る管理組合をしっかり応援する体制ができたということである。

3 第3の時代とは違う現象
～第4の時代は虹色の時代～

そして，いまは第4の時代（2010年頃～）で，マンション管理の虹色の時代。それは，虹色に輝くすばらしい時代が来たという意味ではなく，まさに虹のように様々な色をもつ多様なマンション，多様なマンション管理の課題に直面している時代という意味である。

建物の老いが進むにもかかわらず，なかなか建替えは進まない。旧耐震基準のマンションでは耐震診断や耐震改修もなかなか進まない。耐震改修工事の決議は通常，4分の3以上の区分所有者の賛成が必要であるが，建築物の耐震改修促進法で，認定を受けたマンションでは過半数決議で耐震改修工事が実施できることになっている。しかし，いくら合意形成の基準が下がっても，結局お金を出すのは区分所有者全員である。決議で賛成しなかった人も費用を負担することになる。建替えと違い，売渡し請求も買取り請求も制度上は用意されていない。実際に，耐震診断をし，よくない結果がわかったら，その情報を取引時には開示しなければならない。一方で，頑張って耐震診断，耐震改修工事をしたにもかかわらず，市場でなかなか評価されない。頑張っているところと頑張っていないところが市場で適正に評価されないのである。こういった状況では耐震診断がされるのは難しい。あるいは，建替えではなく大規模な改修をしようと思うと，場合によっては区分所有法の想定外の行為となる場合は，区分所有者全員の合意が必要となる。こうして，合意形成のハードルは実際には高い。

こうした状況の中で，2011年の東日本大震災はマンションの新たな局面を見せつけた。地震で被害を大きく受けたマンションでは自主建替えを選んだものが1つもなく，建物を解体し，区分所有・共有の関係を解消し，土地を売却し，管理組合は解散するという道を選んだからである。つまり，マンションは，建替えながら生き続けていくと漫然と考えていたところに，マンションにも終わりがあることが示され，つくったものの終わりを考えていかなければならないことを学ばされた。

　また，マンションは築年数がたつと，建物として老いていくが，人の老いにも直面している。「二つの老い」である。日本では，自分の住宅や住宅地のことを，「うちは永住意識が高い，本当にいいところだ」という表現をするが，そのおかげで，時がたてばたつほど明らかにそこに住む人々も老いる。建物も老う，人も老う。人々が年金暮らしになり，管理に必要な費用を十分に負担できなくなる。そして，組織にパワーもなくなっていく。これが3つめの老い，組織の老いである。そして，重要なことが総会で決められなくなる。

　管理組合には総会で決議しなければならないことが多い。たとえば，住宅宿泊事業法の成立である。一般的に宿泊業を行うには，旅館業法での認可が求められる。しかし，用途地域や建物の設備面などから簡単にとれるものではない。そこで2014年3月に公布された国家戦略特区法では国家戦略特区では自治体の条例の下で，特例として旅館業法の適用除外を認めたが，これでは民泊ができる地域も限られていることから，住宅宿泊事業法が成立している[注6]。法の施行は，公布の日（2017年6月16日）から1年以内で，住宅宿泊事業の届け出の施行は9ヶ月以内となっていたため，2018年3月15日から，住宅宿泊事業の届け出が開始された。そこで，管理組合はその日までにマンションでの管理上のトラブルを防ぐために，明確に民泊を認めるのか，認めないのかの方針を決め，規約

を盛り込むことが求められた。つまり，総会を行い，方針を決議する。規約の改正には，4分の3以上の賛成が必要となる。組織が老いているところではその対応は困難であり，トラブルが起こりやすい状況になる。

　さらに，マンションのグローバル化である。居住者のグローバル化だけではなく，所有者のグローバル化が進んでいる。日本に住んでいない所有者，日本語を理解できない所有者がマンション所有者となる。理事にそうした人が選ばれるケースも生まれている。日本の国が想定していたマンションの管理は，所有者がマンションに住み，その中から順番で理事になり，みんなで頑張って管理をしようということを大前提にしていたが，その前提が壊れる事態が起こっている。所有者の多くが外国の人で，かつ投資目的で，空き家にし，売却のタイミングを見計らっている等は，全くの想定外の事態である。

　さらに，今までは国が示した標準管理規約に準じて管理組合を運営することがすべてのマンションにとっての目標となっていたが，2016年の国の標準管理規約の改定に対して，たとえば日本マンション学会では学会版の標準管理規約を出すなど，国と異なる見解を示し，モデルを一つにしない事態にもなっている。このように，マンション管理のあり方も多様化し，管理組合自身が多様な価値観の中で判断することが求められる時代となっている。

4 管理不全マンションの存在

　こうした状況の中で，築年数の経ったマンションが増加し，管理不全マンションが登場してきた。これも全く想定外である。スキー人口が多かったときにつくられた越後湯沢のリゾートマンションのなかに，管理放棄マンション，管理不全マンションが存在している。ここでは，管理

費が滞納され，さらに固定資産税も滞納されている。地方自治体としても想定外のことが起こり，財政が圧迫されている。マンションの存在と，地域の経営が密接にかかわっている。また，リゾートマンションでは多くの所有者はそこに住民票を置いていない。ゆえに，そのマンションがある自治体への住民税の支払いはない。そのなかでセカンドハウスとしての利用や2地域居住者もおり，公共サービスの公平な提供の視点から，税の負担をどのようにするのかも日本の国のあり方として求められている。また，競売になる住戸もあり，管理組合が自己防衛のためにそうした住戸を入札し所有しようとしたら，県が「ちょっと待った，それはおかしいでしょう」という指導が出て，その後その指導が訂正されるということがあり，管理組合は一体どこまでの機能を実践できるのかという議論も本格的に必要となっている。管理組合の経営の在り方である。

　先の事例から，リゾートマンションが問題かもしれないと，千葉県でもリゾートマンションの管理実態調査をしたところ，管理不全，管理放棄マンションはなかったが，マンションからホテルに変わって運営されている実態があった。マンションが用途転用されて生きかえり，区分所有から実質単独所有に変わっている事例もある。では，管理組合が今後経営主体になっていけるのか。これも議論の余地がある。また，神奈川県でもリゾートマンションの調査をしたら，定住マンションに変わっていた，こんな現象もある。そこではリゾート利用者と定住利用者が混在している。やはり，これも日本のマンション管理の想定外の現象であり，新しい管理方法の必要性を示唆している。

5
都市にも管理不全マンション

　マンションの管理不全はリゾート地の問題で，都市部にはないのだろうか。そこで，横浜市の築30年以上のマンションを対象に調査してみた。築30年以上としたのは，2回目の大規模修繕の実施や初期の長期修繕計画の計画期間が終了する時期で，大規模修繕未実施の場合は不具合が可視化する頃だからである。

　築30年以上のマンションでは，管理不全，管理不全の兆候のあるマンションは全体で4％で，その予備軍も合わせると約2割となる（**表1**）。この結果は，外部観察調査によるものである。調査項目として，単に管理不全かどうかをみるだけでなく，その項目にプラスして，管理組合の自治能力の有無，社会的水準への適合の状態，流通面への取組み等，単純に，綺麗か，整理整頓がされているかだけではなく，「老い」の防止のため，若い世代を呼び入れよう，あるいは実際にそうした取組みの結果，成果があることが目で見てわかる項目を設け，項目を1つ1つチェックし，D（管理不全，管理不全の兆候がある：準管理不全），C（不良），B（普通），A（良好），S（優秀）のランクに分けてみた。

　管理不全マンションは，「維持・管理や修繕が適切に行われず，居住環境はもとより，周辺にも悪影響を与えているマンション」，管理不全の兆候があるマンションは，「将来的に管理不全に陥るおそれのあるマンション」（以下，準管理不全とする）とする。

　管理不全マンション（Dランク）の特徴（**図1**）は，1)小規模マンションである，2)用途混在型が多い，3)最寄り駅から遠く，徒歩圏外（バス便）とは限らない。むしろ，4)都心部に多い。ゆえに，単に市場から脱落しただけではなく，何らかの原因が別にあると考えられる。

表1 外部観察調査結果のランク分け(横浜市金沢区の築30年以上のマンション)

	D (不全)	C (不良)	B (普通)	A (良好)	S (優秀)	計
マンション件数	4	15	35	44	1	99
上記の構成率	4.0%	15.2%	35.4%	44.4%	1.0%	100%

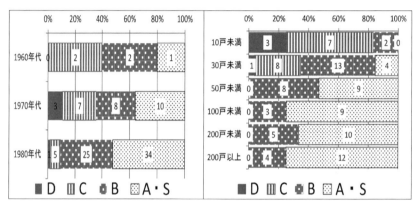

図1 建築年・戸数別にみた外部観察調査結果のランク分け

　管理不全マンションおよび準管理不全マンションが一定数存在する。そこで，なぜそうなるのかをマンションやその周辺居住者への聞込み調査や，さらに登記簿で調べてみると，1)地上げ型：買い占め業者が倒産し，抵当権者等の関係者が多く，方針が決定できないケース，2)一部分譲型：建物の一部を分譲した形で当初より管理体制がないケース，3)低層長屋型：低層少住戸区分所有建物で，当初より管理体制がないケース，4)小規模自主管理型：自主管理で賃貸化，高齢化，所有者の不在化が進行し，管理が困難になるケース，5)小規模雑居型：小規模でかつ店舗，事務所と住居が雑居し，管理の合意形成が難しいケースがあった。これらのマンションでは，当初から長期修繕計画の策定，それに基づく修繕積立金がないため，大規模修繕が実施できず，物理的に管理不全が進行

第5章 マンションの"管理"を考える

表2 アンケート調査票の不達・回収＜回答＞の状況

外部観察ランク	D	C	B	A	S	合計
アンケート不達数	4	6	1	2	0	13
ランク別不達率	100.0%	42.8%	2.9%	4.5%	0.0%	11.4%
アンケート回答数	0	2	9	24	1	39
ランク別回答率	0.0%	13.3%	25.7%	54.5%	100%	38.6%
回収・回答構成率	0.0%	5.7%	22.9%	68.6%	2.9%	100%

(注) ランク別不達率は，ランク別に不達件数／ランク別マンション件数である。
　　 ランク別回答率は，ランク別に回答件数／ランク別マンション件数である。
　　 回収・回答構成率は，回収できたマンション件数のランク別構成率を示している。

しているという点が共通している。

　見るだけではわからないので，管理組合に管理の実態を聞いてみようとアンケート調査を実施した結果，問題のあるマンションほど，アンケート調査票が届かないし，届いても回答してもらえなかった。Dランクではアンケート調査票が100％不達であった。アンケートに回答したマンションは，外部観察調査結果が，Aランクのマンションが7割であり，いわゆる"よいこ"のマンションが回答をしていることになる（表2）。よって，アンケート調査結果のランク分けは，"よいこ"のなかの相対的な評価となってしまった。

　アンケートでは，管理組合の運営，維持管理，生活管理，さらに中古マンション流通への取組み状況を，組合運営の継続性，計画性，民主性，向上性，財産面や生活面への関与，コミュニティ活動の実施状況などを考慮し，20項目を設定して把握した（表3）。上記の項目に対する総合的な取組み体制を把握し，実施率が高いものから順にS～Dにランク分けをした結果，各ランクの割合がほぼ2割となっている（表4）。

　設定した項目のなかで，各マンションでの取組みが6割未満の行為は，維持管理面の専有部分のリフォーム履歴の蓄積，生活管理面の居住者名

表3　管理組合の取組み状況（自治会会活動も含めて）〈数字は実施率〉

運営管理	1. 理事会の継続性のための取組みがある	92.3%
	2. 所有者名簿を作成している	82.1%
	3. <u>修繕積立金は長期修繕計画に基づき積み立てている</u>	<u>64.1%</u>
	4. <u>総会の出席率は委任状を含めて 80% 以上である</u>	<u>69.2%</u>
	5. 管理組合の情報を広報等で周知している	86.5%
維持管理	6. 長期修繕計画を立案している	84.6%
	7. 大規模修繕を 2 回以上実施している	91.7%
	8. 共用部分の修繕履歴を蓄積している	82.1%
	9. 共用部分の改修工事をしている	92.3%
	10. 専有部分のリフォーム履歴を蓄積している	51.3%
生活管理	11. 震災に備えて何らかの対応を実施している	87.2%
	12. 年に 1 回以上コミュニティ活動を実施する	78.3%
	13. マンション内にサークルや有志の集りがある	66.7%
	14. 居住者名簿を定期的に見直している	42.6%
	15. 要支援者名簿を作成している	30.8%
流通促進	16. 中古住宅流通円滑化のために対応をしている	25.6%
	17. <u>2 代目世代を把握している</u>	<u>69.2%</u>
	18. <u>高齢者の居住を把握している</u>	<u>71.8%</u>
	19. 賃貸住戸を把握している	94.9%
	20. 空き家を把握している	100.0%

（注）　網掛けの項目は実施率が 6 割未満の項目である。下線の項目は実施率が 6〜7 割である。実施率：実施しているマンション件数の比率。

表4　アンケート調査回収マンションの概要と管理ランク分け

住戸数：9〜757 戸　平均 201 戸，棟数：1〜78，単棟型 12，団地型 27
建築年：1960 年代 2，1970 年代 8，1980 年代 27，　不明を除く。

アンケート調査 管理ランク	D	C	B	A	S	全体
マンション件数	8	6	8	7	8	39
上記構成率	21.6%	16.2%	21.6%	18.9%	21.6%	100%
ランク別平均戸数	61.3	181.7	181.9	180.4	351.4	201

第5章　マンションの"管理"を考える

表5　管理ランク別にみた管理組合の取組み状況の相違〈取組み率〉

行　為 ＼ 管理ランク	D	C	B	A	S
リフォーム履歴の保存	20.0%	60.0%	100.0%	100.0%	100.0%
居住者名簿の定期見直し	37.5%	50.0%	25.0%	42.9%	87.5%
要支援者名簿の作成	25.0%	16.7%	12.5%	42.9%	62.5%
中古流通促進対応	12.5%	16.7%	25.0%	28.6%	50.0%

(注)　取組み率：数字はランク別にみた各行為を実施しているマンション件数の割合。

簿の作成，要支援者名簿の作成，流通促進では中古住宅流通円滑化のための対応である。また，6～7割の取組みの行為は，運営管理面では修繕積立金を長期修繕計画に基づいて積み立てている（計画性のある行為），総会の出席を委任状を含めて80％とする（民主的な運営を目指す行為），生活管理面では，年1回以上のコミュニティ活動の実施，サークルや有志の集まり，流通促進面では，マンションで生まれ育った子供が住戸を買い戻る2代目世帯の把握，そして一方では高齢者世帯の把握である。管理組合活動は専有部分や個人情報に関して，生活面，中古流通への関与が相対的に少ないが，S・Aランクのマンションではこうした行為も実施している（**表5**）。また，Sランクのマンションは150～757戸で，平均351.4戸と規模が大きいものが多く，Dランクのマンションは9～270戸，平均61.3戸で，75％が50戸未満と，規模の小さいものが多い。なお，管理会社への委託の有無による違いはなかった。

　さらに，アンケート調査結果のランクの高いものは外部観察調査結果のランクも高い傾向がある。

6
実態調査を踏まえて
～これからのマンション管理のあり方～

　想定していなかった管理不全マンションが都市部にも一定数存在している。そして，これらの多くは管理の初期段階から問題がある。つまり，初期から本当は問題があるけれども，それが表面化するのが築年数がたってからとなっている。

　今までのマンション管理に対する政策というのは，どちらかというと頑張るマンションの管理組合が手を上げて，その手を上げたところをサポートしていく体制であった。そこで，管理不全の予防・解消のために必要な施策を考えると，**表6**となる。

　1）　管理の初期段階から管理組合，管理体制が整備されないマンションが一定数存在することから，小規模マンションも含め，開発段階から管理適正化のためのハードだけでなく，管理組合や長期修繕計画等の設定が必要である（**表6**の①部分）。

　2）　管理段階においては自発的に支援を求めるだけの力量がある管理組合（S・Aランクのマンション）が対象となるだけでなく，管理不全に陥らないように問題のあるマンション（Cランクのマンション）への具体的支援，高齢化や所有者の不在化・賃貸化に対応した管理方法の検討や支援策が必要である（**表6**の②部分）。

　3）　管理不全の場合（Dランクのマンション）には必要に応じて，建物解体，敷地売却等による区分所有関係の解消・清算制度が必要である（**表6**の②部分）。

　4）　流通なども含め管理を幅広くとらえ，居住者の居住の安定のための総合的な管理適正化支援策が必要である（**表6**の③部分）。

　なお，この枠組みに調査対象とした横浜市の施策を位置づけると**表6**

第 5 章　マンションの"管理"を考える

表 6　マンション管理施策の枠組みと現行法制度の対応〈横浜市の場合〉

	開　発	管　理	再生・解消	流　通
指導・助言 アドバイス	ワンルーム 形式のみ ① (F)	任意登録 (F)，相談 (F)，交流会の開催・専門家のアドバイス (F)		特になし ③
専門知識・ 技術・補助	特になし	アドバイザー派遣(F)	改修・建替え検討[金], バリアフリー化[金], 改修[金], 建替え[金], 団地再生[金], 耐震診断[金], 耐震改修[金]	特になし
指導, 立入検査, 勧告, 代執行	特になし	特になし ②		特になし

(注)　(F)：管理組合は参加・支援を受けることが無料．[金]：管理組合は補助金を得られる．

となり，①，②，③部分に対応する施策がないことになる．よって，以下の政策が必要となる．

(i)　開発時から適正な管理の初期設定の整備が必要で，その促進体制が必要である．具体的には，管理組合の設立，管理規約や修繕計画の立案，管理費や修繕積立金の設定などを供給当初から整備する指導である（**表 6**の①対応）．また，小規模自主管理型による管理不全は，今後，区分所有者の高齢化・不在化から増加すると考えられる．第三者による管理者派遣など，管理組合の運営を組合以外の人・組織が支援する体制が必要である（**表 6**の②対応）．なお，その場合の費用負担を区分所有者自身で行えるようにリバースモーゲージ制度の利用などの可能性の検討が必要である．また，地上げ型の管理不全については，権利関係の清算制度の構築が必要である（**表 6**の②対応）．

(ii)　管理の実態は，アンケート調査では管理水準の高いマンションの把握はできるが，管理不全やその予備軍の把握は難しい．よって管

理施策として，管理不全マンションの予防や解消のために，高経年や小規模のマンションの存在や管理状態の把握，管理の支援体制の整備が必要である。具体的には，行政による管理組合の把握が難しいことから，管理組合が自ら登録する制度，その情報により行政が管理を支援する体制の整備が必要で，それを可能とする条例の整備等が求められる（表6の②対応）。

(iii) 管理組合が専有部分や個人情報，生活面，中古住宅流通促進に関与する取組みが少ないのは，これらの行為にどのように関与すべきかの行政や現行法の考え方が明確でなく具体的な関与方法を管理組合が理解していないからと考えられる。これらへの管理組合の関与についての指針や具体的な関与方法の紹介等の情報が必要である。特に小規模マンションでは，管理会社への委託も少なく，管理組合運営のマンパワーも不足することから，集積と規模の効果が発揮できる地域ネットワーク化による運営体制など，新たな管理方式の検討も含め，管理組合による管理適正化の推進を取り組みやすくする体制が必要である（表6の③対応）。

7 今後の課題

マンション管理の第4の時代。マンション内部でいろいろ考えることも重要であるが，それを社会的にどうしっかりとサポートしていくのか。つまり，管理を狭く捉えるのではなく，社会のシステムとして管理を捉えていく必要があるのではないかと考える。さらに，管理組合活動として，今後検討すべき課題とその問題意識は以下のとおりである。

第一に，マンションはつくるときから終わるということをしっかり考えていく必要がある。たとえば，定期借地権マンションは土地の利用期

第5章　マンションの"管理"を考える

間に制限があることから，建物の利用期間にも制限があり，マンションとしての最後が決まっているといいながらも，なくなるまでの一生のプロセスプランニングがしっかりされているところはない。そこで，どのマンションでも，生まれたときから死ぬまでの一生をプランニングする必要がある。

　第二に，マンションで頑張って管理したら市場で評価される体制をしっかりと構築するべきである。現体制では，マンションを買いたいと思う人が管理のことを知りたい場合は自分の不動産屋（買い主側の不動産業者）に聞き，自分の不動産屋が売り主側の不動産屋さんに聞く。売り主側の不動産屋が売り主に聞く。そして売り主は管理組合に聞いて，管理組合がわからなかったら管理会社に聞く。長い道のりがある。これが「行きの道のり」で，情報はこの道のりを帰ってこなければならない。途中で誰かが断念したら情報が来ない。これを買いたいと思う人がマンションに直接アプローチできる方法として，フランスでは修繕カルネがあるが，こうした仕組みの構築が日本でも必要である。

　第三に，マンションの管理を社会でサポートするならば，マンションがゲーテッドコミュニティになって独立国家では望ましくない。マンションを地域の資源として位置づける必要がある。災害時や緊急時にマンションが地域に寄与するように，地域に開き，地域の安全性，豊かさを向上させる体制づくりが必要である。地震が来た，津波だ，液状化だというときに，マンションに避難すれば大丈夫であるというように。マンションでは共用施設やオンサイトにスタッフがいる。こうした施設や人材が地域に貢献できる体制が必要である。もちろん地域とマンションで一緒に費用負担する体制も必要であるが，地域資源化の視点から社会としてマンションをサポートすることを考えてはどうだろうか。

　第四に，マンションに問題がある場合でも私有財だから，なかなか行

政は手が出せない。空き家問題が深刻化しているが，空き家対策特別措置法では特定空き家にならないと行政が手を出せない。しかし，それまでにどれだけの月日がかかるのか。マンションでは1棟すべてが空き家にならないと，この法の対象とはならない。そこで，ハワイのようにマンションが生まれたときから行政に登録する制度を導入し，少なくともどこにどんなマンションがあるのかを把握する必要がある。管理不全にならないように，管理不全予防施策が必要である。

　第五に，管理組合の自治のために，管理組合でどこまで物事を決められるのか。たとえば外国人の所有者がいたら運営上困難なので「外国人の所有は禁止しましょう」は，日本では認められないであろう。財産権との関係で，自分たちで自分たちの居住財産そして居住環境を守り，よりよくしていくための自治がどこまで認められるのかを今後検討する必要がある。

　第六に，管理組合は経営の主体になるべきか。管理組合活動の積極的な事例として京都市のあるマンションでは，隣地の敷地を買い取っているが，その際に総会での全員合意の決議ではなく，取得は理事会決議および審査会の議決で行えるように体制を整備している。法律的に課題があるという人がいるかもしれないが，こうした事例を問題扱いするのではなく，必要に迫られての対応の本質を見て，管理組合のこうした取組みを応援するための体制整備として立法的措置が必要である。

　以上のように，マンションの管理を幅広くとらえ，経営を含めた，社会としてのマネジメント体制の構築が必要である。

(注1)　「中高層共同住宅標準管理規約」および「中高層共同住宅標準管理委託契約書」の指針としての活用等の指導（昭和57年5月21日建設省経動発第69号・

第 5 章　マンションの"管理"を考える

建設省住民発第 31 号)。
（注 2）　その後，2000 年にマンション管理適正化法が整備され，管理会社は全て国に登録する制度となる。
（注 3）　2000 年以降は，マンション管理士なども加わるようになる。
（注 4）　平成 4 年 12 月 25 日建設省経動発第 106 号・建設省住管発第 5 号建設省建設経済局長・建設省住宅局長から各業界団体の長あて。
（注 5）　平成 11 年 11 月総務庁。
（注 6）　この法律では，民泊を行おうとするものは，都道府県知事への届出を必要とし，家主が居住する場合は，懸念される衛生面の確保や，騒音防止のための説明，苦情への対応，宿泊者名簿の作成・備付け，標識の掲示等を義務付けている。家主が不在の場合には，これを住宅宿泊管理業者（国土交通大臣の登録）に委託することを義務付けている。また，民泊を仲介する業者（観光庁長官の登録）に対しても宿泊者への契約内容の説明等を義務付けており，こうした体制が整えば，年間 180 日以内の営業ができるようになっている。

〈参考文献〉

齊藤広子（2000）『入門　マンション管理』大成出版

齊藤広子（2003）『ステップアップ　マンション管理』彰国社

齊藤広子（2005）『不動産学部で学ぶマンション管理』鹿島出版

齊藤広子・篠原みち子・鎌野邦樹（2013.11）『新・マンション管理の実務と法律』日本加除出版

齊藤広子（2016.4）「マンション管理が市場で評価されるための課題と制度設計に向けて」『都市住宅学』93 号，pp.131-138

齊藤広子（2016.9）「マンションの空き家の管理上の課題と対応」『マンション学』55 号，pp.17-26

齊藤広子（2017.1）「マンション需要低下に対する用途転換による利用の実態と可能性の検討」『マンション学』56 号，pp.50-57

第6章
マンションの"経営"を考える

明治大学 理工学部 建築学科 教授
園田　眞理子

1
マンションのライフサイクル

　マンションにも，人と同じように一生がある。マンションがディベロッパーによって建設され，分譲され，区分所有者が居住を始めた日が誕生日である。また，マンションにはそれと同時に区分所有法によって管理組合[注1]が同時的に生まれる。

　その後，マンションは居住者の活力と管理組合活動の充実にあわせて成長する。区分所有者が管理組合の必要と重要性を強く意識するようになるのは，築後12～15年目の1回目の大規模修繕工事のときだろう。それまでは，毎月管理費の他に修繕積立金を支払っていても何に結びつくのか実感できないが，大規模修繕工事で屋上やバルコニーの防水工事，外壁補修を行う段になって，マンションは区分所有者が共同してメンテナンスを行わないと維持できないことに気がつく。

　それを過ぎると，マンションは成熟・安定期に入る。日常的な管理や定期的な建物・設備等の点検・補修，大規模修繕を行いながら，マンション内のコミュニティ活動も充実する。そもそも新築マンションの最初の区分所有者のほとんどは若い子育て世帯である。結婚や子供の就学に合わせて家を求める必然性と住宅ローンを使った購入のタイミングで自

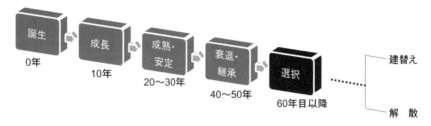

図1　マンションのライフサイクル

ずとそうした世帯が多くなる。だから，誕生間もないマンションでは子供の元気な声がこだまし，PTA活動なども相まってコミュニティ活動も活発に行われる。

　ところが，築後40年目頃に衰退の兆候が顕れる。一つは建物の老い，もう一つは当初区分所有者の老いという，いわゆる二つの老いに直面するからである。そこから先は，個々のマンションによって状況に随分と違いがみられるようになる。なぜなら，そのマンションが本当に衰退に向かうか，反対に良好な状態が維持できるかは，管理組合の力量および区分所有者の構成や意欲が左右するからである。築後40年をすぎれば，区分所有者の入れ替えや相続等が顕著になり，そのマンションは次世代に継承されていく。

　マンションの一生がいつ終わるかは区分所有者の合意により管理組合が決定したときに決まる。終わり方の選択は，建替えか，敷地を売却して解散するかの二つの方法しかない。その時期は，等価交換や再開発により好条件で建替えができたり，大きな震災でマンションが壊れでもしない限り，築後60年目以降であろう。しかし，まだそうした選択を下したマンションは極めて少ない。なぜなら，区分所有法が制定されたのが1962年なので，現時点では築後60年に達しているマンションがほとんどないからである。その意味では，築年の古いマンションほどこれか

ら動乱の時期を迎える（図1）。

　しかし，その決断のときまで，マンションはできる限り健全に生き続けなければならない。そして，マンションが"健全"かどうかは，管理組合および区分所有者の"経営"にかかっている。本章では，マンションの生涯の特に後半に焦点をあてて，マンションがどうすれば健全に経営され，持続・維持されるかについて考えてみる。

2　築後40〜50年目の危機とマンションの"経営"

　マンションの維持・管理は，基本は一日のサイクルが廻り，それに一年のサイクルが加わり，それが繰り返されることによって成り立っている。ところが，築後40〜50年目を迎える頃に大きな危機が訪れる。

　なぜなら，第一に，大規模修繕工事は12〜15年ピッチで行われるがその3回目を迎えるのがこの時期だからである。また，給排水管の交換時期は20〜30年目といわれている。つまり，ちょうど築後40年目の頃に長短いろいろなサイクルで廻っていた修繕工事が，この時期に一度に重なる。こうした状況に対処するため，2000年に制定された「マンションの管理の適正化の推進に関する法律」に基づき，管理組合は長期修繕計画を策定し，そのための費用を修繕積立金として区分所有者から徴収しておかなければならない。しかし，この法律制定以前に開設されたマンションでは，管理規約にこうした取決めがなく，資金ショートする場合も少なくない。そうなると，管理組合活動は紛糾する。何もしなければ，建物の老朽化が一気に進む。それを避けるには，各区分所有者から修繕費の不足分を集金するか，借入れを行うしかない。住宅金融支援機構はそうした管理組合に大規模修繕費用を融資してくれるが，そのためには管理組合を法人化せざるを得なくなる。まさに，マンション建

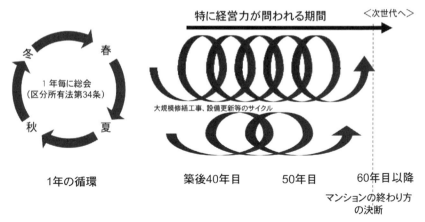

図2 マンションの循環サイクルと築後40～50年目の危機

物の生涯における難所である（図2）。

　さらに，それに加えて，この時期に区分所有者の高齢化が顕著になる。マンションは当初にほぼ同じ年齢層の者が大量に入居するが，経年すれば一斉に高齢化する。築後40年目の頃，当初の区分所有者はほぼ全員70歳以上になる。そうなると，管理組合の役員の引受け手が不足し，組合活動が停滞してくる。マンション管理の担い手の代替わりを進めなければならない。

　また，こうしたマンションのライフサイクルから起因する二つの老い問題とは別に，日本のマンションの場合，その誕生日によって，決定的に大きく異なる問題がある。一つ目は耐震性の問題，二つ目は敷地利用権の問題，三つ目は建築基準法等の法改正に基づく既存不適格問題である。

　1981年5月末までに建築確認を受けて建設されたマンションは，耐震診断を受けてみないと，現行の耐震基準を満たしているかどうかがわからない。1971年以前の建築確認物件は旧々耐震，それ以降1981年5

第6章 マンションの"経営"を考える

月末までの建築確認物件は旧耐震マンションである。ところが，耐震診断とは，ガンの懸念のある人が決定診断を受けるのとよく似ている。診断結果に問題がなければ大喜びだが，その反対だと途方にくれる。特にIS値という建物の耐震性能を示す指標が現行法の最低基準である0.6に達しない場合，治療に相当する耐震改修工事で0.6以上になる目処がたてばよいが，そうでない場合，死の宣告を受けたに等しくなる。そのために，旧耐震，旧々耐震マンションでは耐震診断を受けること自体を忌避する傾向が強い。また，治療方法が見つかったとしても，改修費の調達が大問題である。国，自治体で各種の耐震化助成措置が講じられているが，IS値が0.6を超えることが条件になっており，それに達しない工事には適用されない。頭の痛い問題である。

　二つ目の敷地利用権は，1983年の区分所有法の大改正によって導入され，1984年1月以降に登記された新築マンションであれば，土地に関する権利と建物に関する権利を切り離して売却することは禁止されている。反対にいえば，それ以前のマンションであれば土地の権利が建物の権利とは別に動いている可能性を意味する。このことは，マンションに係る権利関係を整理する上で大きくのしかかる問題である。1983年以前のマンションは区分所有者の登記簿で権利関係を確認し，管理規約により土地と建物を切り離した売買を禁止する必要がある。

　三つ目の既存不適格問題は，マンションを建て替える際に大きな問題となる。現行の容積率や建ぺい率を上回っていれば，元と同じ規模の建物は再建できない。高さ制限や道路斜線等にかかっていれば，建物の階数や形状を元と同じにはできない。

　こうしたマンションの誕生日によって左右される問題は，一つのマンションだけで解決できない。広く社会的な問題として取り組むしかない。

　ところで，上記のような問題が避けられたとして，マンションが40

〜50年目の危機を乗り越えて、その後も持続できるかどうかは、そのマンションの"経営力"にかかってくる。会社経営と同じように一年、一年を確実に廻しながら、管理不全に陥らないように管理組合等の活動をし続けなければならない。

それに際して一番怖いことは、＜空き家＞が増えることである。マンションが経年すれば区分所有者の入替えや相続が起きるが、そこに住む居住者がいなくなってしまうことは、マンションを経営するための＜ひと＞と＜かね＞が同時的に手薄になることを意味する。空き家の増殖は、"割れ窓理論"に重なるところがある。一つの窓が割られたときにすぐに修理すれば大丈夫だが、ある臨界点を超えると急激に周囲の窓が次々に割られ、環境が荒廃するという理論である。マンションの生涯は建替え、もしくは解散で終わるが、そのときまでの"経営"をどうするか、特に高経年マンションにとっては大きな課題である。

3 空き住戸の収益化の試み

●試行物件の概要

東京都西部の丘陵地に立地するNM団地は、1966年から1969年にかけて当時の日本住宅公団によって開発・供給された分譲住宅団地である。7街区44棟から構成され、1,108戸がすべて分譲住宅、すなわちマンション[注2]である。建物は南面平行配置・5階建てで、エレベーターはついていない。開発された当初は近辺に私立大学があるのが目立つくらいで、ほかには何もない殺風景なところだったそうだ。しかし、年を経るごとに周辺にスーパーマーケットや診療所、近年は老人保健施設も立地し、最寄駅まで歩けることから比較的利便性には恵まれているといえる（図3）。

第6章 マンションの"経営"を考える

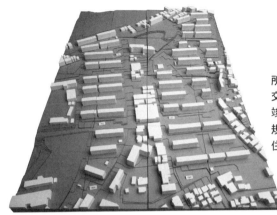

所在：東京都西部郊外
交通：最寄り駅より徒歩10分
竣工時期：1966〜69年
規模：7街区・44棟・1,108戸
住戸：3K(45㎡)〜3LDK(75㎡)

図3　NM団地の概要

　ところで，この団地の最初の入居者は団塊世代よりも一世代前の昭和10年生まれ前後の人たちが主流であった。高度経済成長期の真っただ中に働き盛り，結婚して子供が生まれたばかりのような若い世帯である。また，地方出身者が多かった。当初の分譲価格[注3]は数百万円程度であったが，当時の若年勤労世帯の月給は4万円に満たず，公団分譲住宅は高嶺の花であった。それでも，若い夫婦は抽選で入居が決まると飛び上がって喜んだという。この団地の1,108戸にこうした人たちが一斉に入居し，ほぼ全員が居住を目的に入居した。

　以来50年近くの時を経て，そうした入居者がどうなっているのかというと，この団地で最も多くを占めるのは，二次取得以降の自家居住世帯で4〜5割を占める。当初からずっと住み続けている世帯（一世）は全体の1割になっている。親等から相続して住んでいるいわゆる二世も1割ほどいる。また，所有はしているが，そこには居住しない世帯が3分の1を占めるようになっている[注4]。そのうち，一世もしくは二世が運用しているのは4分の1で，残りはセカンド，サードバイヤーである

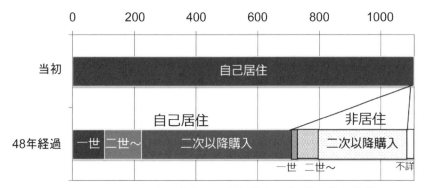

図4 NM団地の区分所有者の取得経緯と居住・非居住の実態

(図4)。

　分譲当初の一世とその直系の二世以降が区分所有者である割合はちょうど3割にまで減少した。半世紀の間に，この分譲住宅の区分所有者はここまで変化し，その利用も自家用だけでなく賃貸による資産運用的なものが顕著になりつつある。

　そうした状況の中，高経年のマンションでどうしても気になるのが，空き家化の進行である。マンションのライフサイクルの中で，それが衰退に向かう兆候として＜空き家＞の発生がある。空き家とは，活力の喪失と住宅需要者の減少という二つのことを意味する。NM団地全体の空き家率は5.4％である。この団地が立地する区の空き家率は12.7％なので，それに比べれば健全ともいえるが，数にすると60戸にもなる。また，空き家率が10％を超える棟が6棟ある。近い将来，もっと空き家が増える可能性は否めない。そこで，長年空き家になっている住宅を甦らせて賃貸することにより，収益化する試みに着手することにした。

　取り組む主体は，この団地の有志によって結成された団体と，地元大学，そして地元の住宅供給公社である。住宅管理組合は直接的には関わっていない。この団地は，区分所有法制定の4年後に誕生したごく初期

の分譲マンションであり，区分所有法の変化にあわせて住宅管理を進めてきた。その結果，集会室とその敷地は団地の全区分所有者の共有持ち分になっており，現行の区分所有法でいう管理組合は街区会といわれる7つの会がそれに相当する。しかし，街区の中に複数棟の建物があり，その建物の共用部分と敷地の管理は，街区全体で行うもの，棟別に分かれて行うものなどが混在している。また，役員は基本的に輪番制である。耐震診断も未実施である。そうした事情もあり，団地内外の有志でこの事業に取り組むことになった。なお，この事業は国土交通省の「住宅団地型既存住宅流通促進モデル事業」の指定を受けたものである。

● ＜賃貸化＞推進の理由

ところで，空き家の収益化をなぜ＜賃貸化＞によって行うのかを説明しておく。

一つ目の理由は，図5と図6にある。図5は，この団地内の住戸の売買価格と，同一地域内(注5)の分譲マンションの売買価格をその建物が建設された年別にプロットしたものである。NM団地の平均成約売買価格は17.4万円/㎡，他物件のそれは30.8万円/㎡である。前者の平均住戸面積は55.3㎡，後者のそれは62.4㎡であり，住戸面積に大差はない。NM団地の現時点での価格は周辺物件の56％である。一方，図6の賃料についてみると，NM団地の平均成約賃料は1,347円/㎡（平均住戸面積57.14㎡），周辺のそれは1,625円/㎡（平均住戸面積53.86㎡）である。NM団地の賃料は周辺物件の83％で，売買価格に比べると経年による価格低下率は低い。

これは，日本の不動産市場が，建物を減価償却財と見做し，経年するほど建物の価格は大きく低下し，ほぼ土地価格で売買される仕組みになっていることの結果である。土地の価格がよほど高いところでない限り，

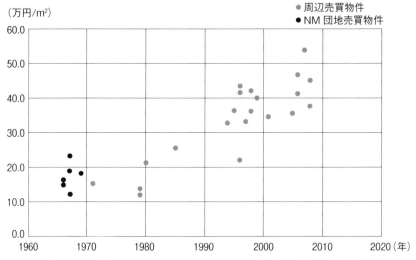

図5　NM団地と周辺マンションの建築年別の現在の売買価格

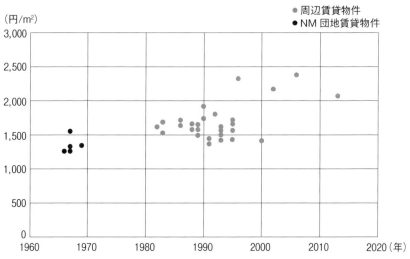

図6　NM団地と周辺マンションの建築年別の現在の賃貸価格

高経年の住戸は賃貸運用する方が収益性が高い。これが第一の理由である。

　第二の理由は，中古売買や買取り再販の抱える問題である。近年，中古住宅流通において，専門業者が既存住宅を購入してリノベーションし価格を再設定して販売する買取り再販といわれる方式が急激に増えている。これらは，確かに空き家を減らすことにはなり，売却した個人，購入した個人それぞれにとってのメリットはあるが，マンションあるいは団地という集合体としてみた場合，必ずしも肯定できない面がある。それは，新規の購入者が住宅ローンを組んで購入した場合，そのローンの返済期間中は建替え等を行うことが難しくなるからである。ローンには当然に抵当権も設定されている。区分所有者の変更を伴わない＜賃貸化＞であれば，権利関係が複雑になることを避けることができる。

　また，第三の理由は，＜賃貸化＞であれば，その住戸の区分所有者は別に住居があるので，マンションの将来を左右する決議決定に際して，比較的ニュートラルに判断してもらえる可能性がある。たとえば，賃貸による資産運用のみが目的であれば，マンションの建替え等の際に同意を得やすくなるかもしれない。

　これらの点を考えると，高経年マンションの場合，売買を促進するより，むしろ＜賃貸化＞を進める方が妙味がある。

●リノベーションの実施

　対象物件は，区分所有者が賃貸を希望して不動産会社に客付を依頼していたが，約3年間入居には至らず，ずっと空き家だった住戸である。広さは65㎡，3DKの住戸（以下，A住戸）である。

　最初に行ったのはインスペクションである。正式には「既存住宅インスペクション」といい，2012年から国土交通省が開始した，第三者の

＜漏水の検査＞　　　　　　　　＜クラックの検査＞

＜水道水の検査＞　　　　　　　＜設備配管の検査＞

図7　NM団地におけるインスペクションのようす

　有資格者が客観的に住宅の検査や調査を行う仕組みのことをいう。消費者が中古住宅の取引時点の物件の状態・品質を把握できるようにすることが目的で，調査は目視や簡便な計測が主で，建物を壊して中身を確かめるようなことまではしない。A住戸を対象に，このインスペクションを実施したところ，特に重大な劣化は発見されず，早期に補修しなければならないところもなかった（図7）。

　そこで，いよいよ住戸のリノベーションに取りかかることになった。ここで敢えて＜リノベーション＞といっているのは，壁紙や床材を交換するような，いわゆる一般的なリフォームではなく，間取り等の空間構成を大きく変更したからである。この団地の賃貸入居者として子育て中

第6章 マンションの"経営"を考える

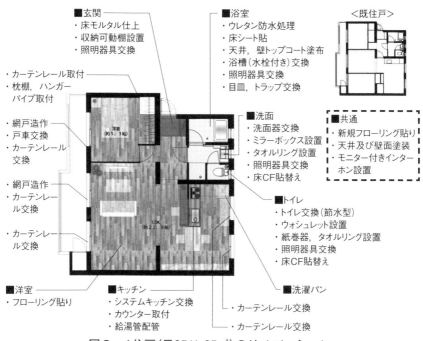

図8　A住戸（元3DK-65㎡）のリノベーション

の若い世帯がメインターゲットとして想定され，世帯人員もそれほど多くないことを想定して3DKを1LDKに変える大きな間取り変更を行った．工事費用を下げるため，建具等は極力取りのぞき，簡易な間仕切りにした．また，若者に訴求するため，対面キッチンとし，既存の台所を90度回転させた．難問は洗濯パンの設置である．当初住戸には洗濯機置き場はあったが専用の排水管がなく，排水は浴室にホースを伸ばして流す方式だった．さすがに，これでは現代の生活に合わない．そこで台所側に洗濯パンを設置し，台所の排水管に接続した．全部の工事費は約330万円，平米当たり5万円であった（図8）．

この改修工事を行う上で明らかになったのは，専有部分の工事に関す

る取決めが管理規約等で明確に決められていないことに付随する問題である。まず，誰に工事許可を求めればいいのか，工事の仕様や可否に関する取決めがわからない等々の問題である。特に，A住戸のような築年の古い住戸の場合，共用縦管への排水管の接続ルールや，エアコン設置のための貫通穴等の設備関連の工事を行う際の共通ルールは不可欠である。個々人がリフォームやリノベーションを行う際の改修ルールは高経年マンションでは管理規約等で取り決めておく必要がある。

　工事が終了し，入居者を募集するにあたってはモデルルームを設営し，オープンハウスを行った。半日で50人以上の人が詰めかけ，周辺住民の関心が極めて高いことがわかった。

　ところが，実際の客付については，当初はかなり難航した。地元の不動産店を介して入居者募集を行ったのだが，建物の築年数が40年超なので，通常の賃貸住宅紹介サイトでは築古物件として埋もれてしまったからである。そこで，近年増加しているリノベーション専門のポータルサイトに掲載を依頼したところ，短期間で多数の問合せが殺到した。理由は，広さと立地に比して，家賃の価格設定が安いと思われたからである。リノベーション専門サイトでは，一般の住宅に比べて賃料を高く設定しても，何らかの個性的なこだわりのあるところに住みたいという需要者が確実に増えている。A住戸の場合は月額家賃9万2,000円で成約できた。

●＜空き家＞と＜賃貸＞の収益比較

　住戸を何もせずに＜空き家＞にしておく場合と，＜賃貸＞して貸家として運用する場合で，金銭的にどの程度の違いが生じるのか，試算してみた。

　表1は，試算をするにあたっての前提条件である。モデルはA住戸・

第6章 マンションの"経営"を考える

表1　A住戸の収益比較の前提条件

<固定費>

住戸面積65㎡	<空き家>		<賃貸>	
^	^	^	<リフォーム>	<リノベーション>
管理費・修繕積立金	管理組合	108,000円/年	同　左	同　左
^	街区会	60,000円/年	^	^
固定資産税等		65,000年/年	同　左	同　左
火災保険等		7,000円/年	同　左	同　左
合　計		240,000円/年	同　左	同　左

<住戸内工事・設備等に係る費用>

住戸面積65㎡	<空き家>	<賃貸>	
^	^	<リフォーム>	<リノベーション>
設備修繕費	―	150,000円/年	30,000円/年（リノベ時に大幅に改善）
リノベーション費用	―	―	3,000,000円（金利3%、10年間で借入れ元利均等返済）返済額：360,000円/年
空き室率	―	20%	5%
賃貸経費	―	60,000円/年	同　左
賃料(月額)	―	80,000円	92,000円

65㎡である。管理費・修繕積立金は，団地全体の管理組合に収める分が月額9,000円，一般の管理組合に相当する街区会に収める分が月額5,000円で，合計月額1万4,000円，年額にして16万8,000円である。少額に感じられるかもしれないが，エレベーターがないことと，この団地の管理方式は基本は自主管理で清掃・事務の一部を民間の管理会社に委託する方法をとっているからである。その他に，年額として固定資産

105

税が6万5,000円，火災保険等が7,000円である。空き住戸を所有しているだけで，月額2万円，年額24万円の費用がかかる。

　次に，比較のために，＜空き家＞の他に，＜賃貸＞を＜リフォーム＞と＜リノベーション＞の二つに分け，合計三つの条件を設定した。＜賃貸＞の＜リフォーム＞とは，現状に簡便な補修とハウスクリーニング程度で貸し出す場合，＜リノベーション＞とは，先に述べたA住戸の間取り・設備等を全面的に更新して貸し出す場合である。両者の違いは，貸し出して以降の修繕費で，リフォームの場合は築40年超なのであちこちに不具合が生じ年額15万円かかるのに対し，リノベーションの場合は大幅に設備等を改善するので以降の修繕費は年額3万円で済むと想定する。

　ただし，リノベーションの場合，多額の工事費用がかかる。ここでは，300万円をかけると想定する。問題は，その資金をどこから手当するかである。建築工事にかかる費用は，他の消費財に比して相対的に多額であり，百万円単位の金額を自己負担で捻出することは，現実的にも，心理的にも難しい。実は高経年マンションで，空き家が多発する大きな原因はここにある。もともと，自己居住用に購入した区分所有者は，住戸を賃貸運用するプロの投資家ではない。自分が＜大家＞になることなど考えたこともない人がほとんどである。どうしてよいかわからず，売却を考えても図5にみたように低価格で売るしかなく，かといって追加投資をして賃貸事業に乗り出す勇気もないという状況に陥ってしまう。リノベーションをして賃貸するには，資金投下のリスクをとる必要がある。

　そこで，ここではリノベーション費用の300万円を返済期間10年，金利3％で借り入れることとする。この費用は事業用の資金なので，金融機関から借り入れる際には，どうしても金利が高くなってしまう。この条件のローンの返済額は年額36万円である。

第6章 マンションの"経営"を考える

表2　A住戸の収益比較の試算結果

住戸面積 65㎡	＜空き家＞	＜賃　貸＞	
		＜リフォーム＞	＜リノベーション＞
年間賃料収入	0 円	80,000 円 × 12ヶ月 × 80％＊＝ 768,000 円	92,000 円 × 12ヶ月 × 95％＊＝ 1,048,800 円
年間経費	240,000 円	300,000 円（賃貸経費含む）	同　左
年間修繕費	0 円	150,000 円	30,000 円
年間借入金返済額	—	—	360,000 円
年間純収入	△ 240,000 円	318,000 円	358,000 円
5 年間の純収入	△ 1,200,000 円	1,590,000 円	1,790,000 円
10 年間の純収入	△ 2,400,000 円	3,180,000 円	3,580,000 円

（＊稼働率）

　これでやっと賃貸事業が始まるが，＜賃貸＞の＜リフォーム＞の家賃は 8 万円，＜リノベーション＞の家賃は 9 万 2,000 円である。ただし，＜空き室期間＞が発生するリスクは当然にある。ここでの想定条件は，年間の空き室率を＜賃貸＞の＜リフォーム＞は 20％，＜リノベーション＞は競争力があるので 5％とする。その他に，両者ともに不動産会社に仲介業務や管理を依頼すると年額 6 万円はかかる。

　以上が，今回の試算の前提条件である。

　では，試算結果はどうなるか。**表2**を見ていただきたい。＜空き家＞は，年額 24 万円の赤字である。＜賃貸＞の＜リフォーム＞は年額 31 万 8,000 円，＜リノベーション＞は年額 35 万 8,000 円の黒字である。この状況が 5 年，10 年と続くと，その差はより大きくなる。10 年後の時点では，＜空き家＞はマイナス 240 万円，＜賃貸＞の＜リフォーム＞は 318 万円，＜リノベーション＞は 358 万 8,000 円のプラスで，＜リフォーム＞と＜リノベーション＞の間には 40 万円の差がつく。＜空き家＞と＜賃貸＞の＜リノベーション＞の差額は約 600 万円にもなり，この団地の小規模住戸であれば，一戸買い増しできるほどの差がついてしまう。

あくまで仮定の条件に基づく試算結果であるが，＜空き家＞にしたままでよいのか，＜賃貸＞にした方がよいのか，その答えは一目瞭然である。

ただし，この答えを現実にするためにはある条件が必要である。その条件とは，たとえ高経年マンションであったとしても，5年後も10年後も良好な環境を維持し，賃貸住宅市場で十分な競争力を保持することである。そして，これを実現するのは，マンション全体としての"経営力"に他ならない。マンション全体の環境価値の向上，居住の質を高めることは個人の区分所有者では実現できない。その意味では，マンションは会社経営に似ている。個々の区分所有者は株主および従業員で，それらの複数の者が力をあわせることによって日々の営為を継続し，より高い目的，目標を目指すことができる。

4 マンションの"経営"事例

これまで，壊さないマンションの未来を実現する可能性についてみてきたが，マンションの"経営"をまさに実践しているいくつかの事例がある。それを紹介する。

●NKDハイツ

NKDハイツは，京都市区部に立地する1976年築，鉄筋コンクリート7階建て，戸数190戸の住戸専用マンションである。住戸の平均専有面積は55.2㎡である。

当初はディベロッパーの関連会社のマンション管理会社に全部委託を行っていたが，築後17年目に完全な自主管理体制に移行した。管理組合は法人格を有している。当初の一戸当り平均修繕積立金は月額500円程度で，1回目の大規模修繕工事を実施することになった築後13年目

第6章　マンションの"経営"を考える

に積立金不足から当時の住宅金融公庫から資金を借り入れる必要が生じ，そのために法人化した。

　この修繕積立金の不足という事態が，このマンションが管理組合法人あげて意欲的に取り組むことの契機となった。入居当初から子どもたちが多く，ファミリー向けマンションとして活気に満ち，管理組合とは別に自治会も組織し活発な活動を行ってきたが，大規模修繕の資金不足という事態は，区分所有者全体に降りかかってきたまさに危機である。それが，同じ場所に住み合う同士が運命共同体として対処するまとまりという，真の意味での＜コミュニティ＞の形成に繋がった。

　これ以降の，管理組合法人の働きには目を見張るものがある。このマンションの封筒には「全員参加の街づくり」という標語が入っているが，まさにその通りに，まず築後15年目に第一期まちづくりマスタープランを作成し，その計画にのっとった運営が行われるようになった。

　ところが，このマンションに2回目の危機が訪れる。それは，市の景観条例の施行により高さ規制が強化されたために，このマンションが既存不適格物件になってしまったことだ。高経年マンションで，特に市街地に立地している場合，＜既存不適格＞問題は避けられない。表3は建築基準法の集団規定の変遷を示しているが，高経年マンションの場合，新築時は適法であったにもかかわらず，その後の法改正により現行法規から逸脱してしまう。NKDハイツもそうした事態にまきこまれた。将来建替えしようにも，元よりは小さい規模のものしか認められない。

　そこでNKDハイツはどうしたかというと，「隣接地取得等検討会」を立ち上げたのである。この検討会が発足したのは2004年であるが，当時，等価交換によるマンション建替えが話題になっており，敷地に余剰容積があれば，その売却益で元の区分所有者は自己負担なしで元の面積分の住戸を再取得できるという方式に，この検討会は着目した。等価

109

表3 建築基準法の主な改正

施行年	用途地域関係	高さ関係	容積率関係	建ぺい率関係
1950	4種類の用途地域の設定（住居，商業，準工業，工業）	・絶対高さ制限（住居系20m，住居系以外は31m） ・道路斜線制限	空地地区制度の再編（住居系のみに指定，容積率または建ぺい率制限による）	
1964			容積地区制度の新設と地区内の絶対高さ制限廃止	
1971	用途地域を8地域に細分化	絶対高さ制限の廃止と，容積率制限への全面移行		住宅地域の建ぺい率算出にあたっての敷地面積からの30㎡控除廃止，用途地域ごとの指定へ移行
1973 新都市計画法により，用途地域を全面的に変更（東京都） 空地地区・容積地区廃止		・第一種住居専用地域の絶対高さ制限10mまたは12m以下 ※現在は，第一種低層住居専用地域及び第二種低層住居専用地域 ・道路斜線制限，北側斜線制限の新設	・総合設計制度新設	
1977		日影規制の新設（都条例は1978）	・道路幅員による容積率の制限強化（住居系0.6から0.4へ）	
1987			・特定道路（幅員15m以上）からの距離による容積率制限の緩和 ・容積緩和に自転車駐車施設追加	
1993	用途地域を12地域に細分化		容積率の多様化（指定容積率の追加）	
1994			容積率の緩和（住宅の地階部分）	
1997			容積率の緩和（共同住宅の共用廊下・階段）	

2002		道路，隣地，北側高さ制限に天空率の導入	容積率の多様化（指定容積率の追加）	建ぺい率の多様化（指定容積率の追加）
2012			容積率の緩和（防災備蓄倉庫等）	
2014			容積率の緩和（EV昇降機）	
2015			容積率の緩和（老人ホーム等地階）	
2018	用途地域に田園住居地域を追加し，13種類となる		容積率の緩和（老人ホーム等共用部）	

（出典：東京都世田谷区住宅課の資料を元に一部改変）

　交換方式をNKDハイツで実現するには，周辺の土地を買い増しして，事後的に容積率に余剰を生み出すという作戦である。そして，買増しのための資金を生み出すために，今までのような積立金等を費消するようなやり方はやめて余剰資金を生み出し，それを積み立て，周辺土地の買増し資金にすることにした。

　そのために管理規約を改正し，「環境整備積立金」の規定を設けた。この資金は，隣地買収，組合員の専有住戸に対するリバースモーゲージ，住宅取得資金の貸付け，管理組合の住戸買取りに使用できる取決めになっている。実際に，隣接地のスーパーが売りに出された際には，その建物と敷地を買い取った。購入した建物は改装し，現在はコミュニティホールとして利用している。中には小文庫やゲストルームもあり，さながらコレクティブハウジング[注6]のようである。それ以外にも，外断熱化，共用部分のバリアフリー化，太陽光パネルの設置，CO_2排出権の売却，各戸の二重窓ガラス化，電気容量の拡大等の様々な取組みを行っている。特に，太陽光発電やCO_2排出権の販売は明確な収益事業として位置づ

けており，マンションの未来資金を得ることを目的にしている。これらに駐車場収入を加えたものが敷地買収等の原資になる。まさに，会社経営に匹敵するようなマンション全体での経営的な取組みである。

こうしたことは活発なコミュニティ活動にも直結している。NKDハイツには元は工事現場事務所だった建物を移設した集会所があるが，ここでは日曜喫茶が開設されている。その他にも各種の趣味の会があり，四季折々におまつりも開催されている。運営にあたるのは，会のメンバーで全員で100名近くに上り，まさに全員参加である。

一方，そうした会のメンバーとは別に，区分所有者で従業員として管理組合法人に雇用されている人もいる。いわゆる管理人業務や清掃，コミュニティホールの運営等の担い手である。雇用の場が自らの居住場所に組み込まれている。リタイアした人の再雇用や生きがいづくりにもつながっている。

こうした経営努力でNKDハイツは着々と収益を上げ，直近では組合員に対する配当金として2ヶ月分の管理費相当分を配当している。これを"経営"といわずして，なんというのだろうか。マンションの"経営"には大きな可能性がある。

● I 3団地

I 3団地は，千葉市の臨海部に立地する1968年築，鉄筋コンクリート5階建て，エレベーターなしの27棟，768戸の旧日本住宅公団によって分譲された団地である。住戸の間取りは3DK～3LDKで，48～66㎡である。

管理組合活動は活発で，1990年代前半のバブル経済期には全部建替えも真剣に検討していたが，現在では市況が一変し，団地の継続を第一に掲げている。そうした中，他の高経年団地と同様に，この団地にも「建物の老朽化」，「空き家の増加」，「居住者の高齢化に伴うコミュニティ活

第 6 章　マンションの"経営"を考える

動の担い手不足」が顕在化し，管理組合のみで解決を図るのが困難な状況に見舞われた。特に，これから空き家が急増し，そうなるとますます団地の活力が失われて，先行きに赤信号が点灯する。

　その管理組合の相談相手になったのが，地元大学発のNPO法人である。このNPOは千葉市臨海部で公的分譲・賃貸住宅のセルフリノベーションの支援や，買い物代行，各種のコミュニティ活動を行っている。しかし，このNPOは，たとえばNKDハイツの管理組合法人のように大きな資金を動かして直接的に事業を実施できるような資力はない。知恵はあるが，空き家解消等を実際化するためには資金がいる。この点は極めて重要である。マンションや団地の"経営"をいうことは容易いが，実際にそれを行おうとすると，必ず資金の問題に直面する。特に，土地や建築工事にまつわる事業を実施するには，個人で負担できるような金額ではなく，千万円，億円単位の資金が必要になり，そうした資金力を持つ主体は一定規模以上の営利企業や組織体に限られる。

　そこで，この管理組合とNPOは，この団地を長年にわたって管理している日本総合住生活株式会社（以下，JSという）に相談を持ちかけた。JSは元々は旧日本住宅公団の分譲住宅団地や賃貸住宅の管理を行うことを目的に設立された組織体で，現在は完全な民間の営利企業である。その意味では，JSは他のマンション管理会社と何らかわることなく，分譲住宅団地の事務管理，清掃，設備管理，修繕工事，植栽管理等の業務や長期修繕計画の策定や劣化診断等を業務委託契約によって行っている。しかし，管理受託をしている物件のかなりを1960〜70年代団地が占めている。JSにとっても，建物の老い，居住者の老いと空き家の増加に対して，管理会社としてどのようなサポートができるのかが大きな課題となっている。

　こうした三者が出会ったところで，I3団地では，JSが空き家になっ

113

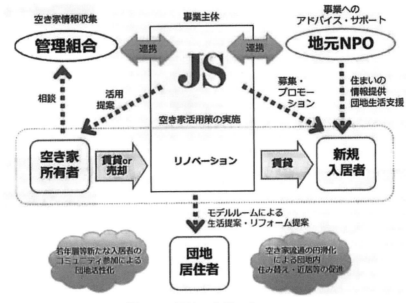

図9 I3団地の事業スキーム
(出典:日本総合住生活株式会社提供)

た住戸を購入し,リノベーションし,賃貸する事業を行うことになった。この団地は,日本住宅公団という公的ディベロッパーが元は一つの権利だったものを768の区分所有者に所有権という権利に分割して割賦販売したものであるが,旧公団の遺伝子を受け継いだJSという組織体が一つずつそれを買い取っていけば,権利がリバースされて一つの主体に所有権がまとまっていくようなことも期待できる。ただし,現在は民間企業であるJSが人口減,需要減の中でそれに耐えることができるかどうかはわからない。

ともかく,こうした経緯でI3団地では,2017年からJSが区分所有者から空き住戸を買い入れ,各種の実験的なリノベーションを行い,賃貸を開始した(図9)。実験的とは,I3団地で「カスタム型賃貸」とい

っているもので，貸し手側が全部を決めてしまうのではなく，入居者がDIYで内装をつくりこむ可能性を盛り込んだ方式を取り入れたことである。日本の住宅の賃貸借は，照明，カーテン，ガスレンジ等の付属品なしの素の状態で住宅を貸し，入居後は賃借人は壁や床などに一切手を加えてはならず，加えた場合は原状回復義務を課すという形式になっている。借地借家法で，賃借人の権利が手厚く守られている一方，居住空間のカスタマイズの点では賃借人の自由は相当に狭められている。これほど住宅が余り，個人の自由な生活スタイルが広がった現代の状況と，現行の賃貸借の慣行とは著しく乖離している。広い面積の住宅がないから……室内を自分の自由で変えられないから……を理由に，長期の住宅ローンを組んでやむなく家を買わざるを得ない面もある。I3団地では，そうした制約を取り払ったのである。賃借人でも自分で手を入れた空間には愛着がわき，長期居住につながる。また，リノベーション費用を低減できる。こうしてI3団地では，無事賃借人も決まり，団地再生に向けての実験が進行中である。

● SSハイツ

　SSハイツは埼玉県狭山市に立地する1974年築，PC・壁式構造5階建て，32棟，775戸の民間企業によって分譲された住宅団地である。住戸の間取りは2DK〜4LDKで，商店5戸が含まれている。最寄り駅からは，路線バスはあるものの便数は少なく，徒歩では25分と交通利便性は劣る。

　居住者は，ピーク時で約2,600人いたが，現在は半分弱に減少し，65歳以上の高齢化率は46％である。郊外・不便地の典型的な高経年マンションである。空き家は7％程度，60戸程度である。

　しかし，自治会，管理組合，さらには関係団体によるコミュニティ活動

は極めて活発である．また，管理組合とは別に実事業を行う NPO 法人が組織化されている．このような活発な活動は入居当初から始まっていた．入居後間もないころに発足した自治会からの発議で，最初の四半世紀は二つの価値軸を中心に活動を進めた．一つ目は緑倍増計画で，すなわち環境価値を高めることであった．二つ目は子供のための文化的な環境づくりで，すなわち文化価値を高めることである．前者は内閣総理大臣表彰を受けるまでになり，後者は地域文庫の開設とその活動拠点としての「まるた小屋」建設まで発展した．

ところが，自治会発足 25 周年・管理組合発足 15 周年を迎えた 1998 年に，これまでの四半世紀を振り返りつつ将来の展望を居住者に問うたところ，高齢化への不安，子供や若者の地域社会との関わりなどの関心が高いことがわかった．それを契機に，この団地では＜住民福祉＞の充実に真剣に取り組み始めた．また，これを含めて自治会や管理組合という組織体では行い難い実事業の担い手として 2003 年に NPO 法人を立ち上げた．ただし，実事業といっても，NPO のミッションは，「素敵に加齢するまちづくり」と「生きがい雇用の場の創出」である．組織の中核メンバーは，それまで各種のコミュニティ活動を担ってきた人たちである．

そして，1996 年に実施した 2 回目の大規模修繕工事後あたりから管理組合では「建替えを前提とせず，このハイツを 70 年以上住み続けられるようにする」という長寿命化路線を打ち出した．建替えという選択肢を敢えて捨て去り，継続，持続し，最後は解散するかもしれないという道を選んだのである．このより険しい道を進むために，NPO が団地内の主要な団体に呼び掛け，これからの地域課題を掘り起こし，課題解決の方策を模索するプラットフォームを設け，「新生ハイツ 35 年プラン」を立案した．新生プランは，SS ハイツの弱みを強みに変え，強みをよ

第6章 マンションの"経営"を考える

図10 SSハイツの「新生ハイツ35年プラン」の方向性
(出典：NPO法人GS（グリーンオフィスさやま）作成の資料を一部改変)

り強くすることを目指す。SSハイツの弱みは郊外立地で利便性がよくなく，近隣店舗の閉鎖や資産価値の大幅な低下に見舞われていることである。これを素敵な郊外暮らしが楽しめる団地だとアピールすることでネガティブなイメージを払拭する。一方，SSハイツの強みの豊かな環境価値と活力あるコミュニティ価値には一層磨きをかけて，子育て世代にとっても高齢者にとっても住み心地のよい団地にする（図10）。

これにもとづき，現在までに三つの具体的なアクションを展開している。一つ目のアクションは，県の「地域課題解決型協働事業」の補助を受けて新生プランを作成し推進した。二つ目のアクションは，国土交通省の「住宅団地型既存住宅流通促進モデル事業」の補助を受けた「SSハイツ・ブランディングプロジェクト」である。この事業では，SSハイツのファンを増やし，将来は移住に繋がることを目指して，里の魅力を伝える活動やDIYのイベントを実施し，空き住戸を改装したシェアハウスの住人を＜ハイツ特命大使＞に任命し，ハイツの知名度を高める

活動を行った．アクションの三つ目は，民間財団からの補助を得た空き家バンクの創設とモデルルームの開設である．この事業では，まず空き住戸のオーナーからNPOが住戸を借り上げて，モデルルームを開設した．ここは，NPOが他の区分所有者のリノベーションや賃貸，売買等の相談に応じるサロンであり，工事実施後の仕上がりが確認できる文字通りのモデルルームである．NPOは借り上げたモデルルーム内の個室を転貸するサブリース事業も行い，サブリース料と家賃収入の差益分をNPOの事業継続資金とする．試行の結果，住戸の片付けニーズやサブリース需要は確実にあり事業化できそうだ．

　それと同時に，建替えせずに住み継ぐ道を選んだ以上，長期にわたる建物の維持管理が極めて重要である．そこで，SSハイツは管理組合法人が中心となって，"団地の長寿命化"に取り組んでいる．しかも，現行の修繕積立金を増額しないでこれを実現する．SSハイツが建物の長寿命化を担保するためにこだわったのは「工事の品質確保」である．具体的には，建物の躯体に関わる工事，たとえば屋上防水，外壁塗装，シーリング工事等について，一般的な保証期間を大幅に延長できる技術を有する施工会社を選定し発注している．大規模修繕工事も，一般的な12〜15年サイクルを18年に延ばした長期修繕計画を策定している．それらにより工事サイクルが長くなり，トータルなライフサイクルコストを縮減することができる．

　SSハイツのこうした一連の取組みは，マンションの"経営"そのものである．また，SSハイツの経営の特徴は，事業主体としてのNPOを組織化し，そのNPOは活動資金を外部から積極的に調達していることである．民間，公共を問わず，まちづくり活動やコミュニティ活動への助成資金を上手に使って，"素敵に加齢するまちづくり"を推進している．こうして，SS団地は建物を壊さない道を着実に歩んでいる．

第6章 マンションの"経営"を考える

5 「壊さないマンション」の"経営"の可能性

　マンションの経営課題とは，個別の区分所有者の利害関係を調整しながら，マンション全体に振りかかる問題に対処し，それに必要な資金を集め，それを有効に使って，マンションの持続性を高めることである。
　それに対処する主体は第一義として管理組合である。そもそもマンションは土地と建物を共有化しているという運命共同体であり，最小のコミュニティ単位である。そこに振りかかる諸問題を，区分所有者が相互の利害関係を調整しつつ良質な建物と居住環境を維持しなければならない。だから管理組合を組織し，管理費と修繕費を毎月徴収し，"こと"に対処するのである。ところが，建物の老朽化が著しく進んだり，大規模工事が必要になってくると，通常のやり方では対処できなくなる。それに加えて，居住者の高齢化や子育てに対して何らかの支援の必要性が生じても，通常の管理組合の枠組みでは対処しきれない。通常の管理組合を超える主体とその活動のための資金が必要になってくる。
　管理組合の枠組みを超えた経営主体としては，（仮称）地域事業会社を設立するような方法が考えられる。区分所有者を中心に有志が出資するのである。もちろんNKDハイツのように，管理規約で詳細な規定を設けて，管理組合[注7]が自ら資力を蓄え，用地買収や住戸の買取りまでを行う大胆な方法はある。しかし，それを実現するための区分所有者の合意形成はかなりハードルが高いのではないか。また，SSハイツのようにNPO法人を設立する方法もある。NPO法人の設立には出資金は不要である。こうした事業会社やNPO法人であれば管理組合の枠組みを超えた事業を展開できる（図11）。
　では，そうした法人が何を行うかといえば，区分所有者のリフォーム

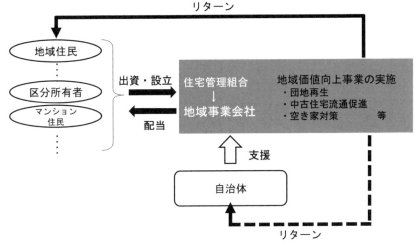

図11 （仮称）地域事業会社のイメージ

のための融資，売却希望者から住戸を買い取り賃貸運用する等のことがまず考えられる。マンションの継続のために居住者は不可欠である。またエレベーターのない団地の場合は，上層階の高齢居住者の下層階への住替え斡旋を行ったり，敷地に余剰地があれば高齢者住宅を開設し団地内に最後まで居住できるようにすることも可能である。ただし，それには管理組合の同意がいるが……。さらには，その管理組合への活動支援や，賃貸居住者との円滑なコミュニケーションの形成支援等を担うことも考えられる（図12）。

一方，上記の活動を行うためには，（仮称）地域事業会社は出資金を募り，それを元に各種事業に着手する。事業が軌道に乗れば適正に資金が循環する。NKDハイツは管理組合法人でありながらこれを実現しており，区分所有者に利益還元までしている。そこまで来れば実に立派な経営である。また，SSハイツは公的補助等の外部資金を上手に取り入れて経営している。I3団地は大手管理会社の資力を引き出すという大

第 6 章 マンションの"経営"を考える

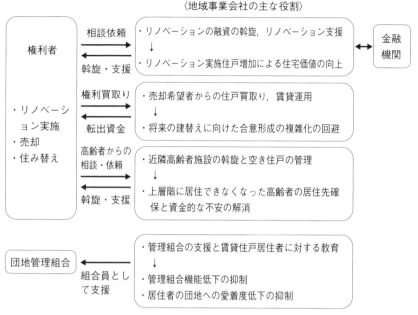

図12 (仮称)地域事業会社の役割

胆な方法をとった。いずれにしろ，資金の手当は大きな問題ではあるが，実は区分所有者個々人が意外なほどミニ資金を蓄えている可能性もある。それを集約できれば，ある程度のまとまった資金になり，利益を還元できれば確実な投資案件になる。

　マンションは，ディベロッパーが大きな資本を区分所有権という小さな資本に分割することによって生まれる。その資本，すなわち権利が小さいままバラバラだと，築後40〜50年目に直面する危機を乗り切ることができない。小さな権利，および区分所有者個々人の力を合わせて再び大きな一つの"かたち"と"行動"に置換できたとき，「壊さないマンション」の未来が始まる。

(注1) 区分所有法では,「区分所有者の団体」と定義されている。
(注2) 本章では,分譲集合住宅をすべて"マンション"と総称している。
(注3) 日本住宅公団の当時の住宅販売方法は割賦方式といい,住宅ローンの資金を借入れ返済する方式ではなく,代金を分割払いしていく方式であった。
(注4) 2008年マンション総合調査によれば,全国のマンションの賃貸化住戸率はマンションで13.4%,団地型で10.3%である。したがって,NM団地の賃貸化率は高い。
(注5) 最寄駅が同じで徒歩20分圏内。
(注6) 北欧で始まった住まい方で,居住者同士が食事,宿泊,保育等の生活の一部を共同するために共用空間を設ける住まい方。
(注7) 任意の組合ではなく法人化は必須条件であろう。

第7章
マンションの"所有"を考える
～マンションを持続可能にするために～

千葉大学大学院 工学研究院 教授
小 林 秀 樹

1 はじめに

　マンションは，区分所有法に基づいて権利の基本が定められている。区分所有とは，本来は一つの建物でありながら，各住戸に個別の所有権を認める形態である。所有権の対象となる区画は「専有部分」と呼ばれ，構造体や廊下等は「共用部分」と呼ばれる。後者は，所有権の対象ではないため，「共有」ではなく「共用」と呼ばれるわけである。

　さて，本章のテーマは，このような区分所有の持続可能性を問うことである。そのために，今日なぜマンションが広く普及したのか，それを支える区分所有の意義を評価することから始めたい。そのうえで，マンションの将来が懸念される理由を整理しつつ，区分所有を持続可能にするための方向，あるいは代替案について考えてみよう。

2 集合住宅の持家化の歴史

●集合住宅の登場

　集合住宅を各住戸が積層した建物と定義すれば，その歴史は古い。欧州では，石造りの建物が早くから存在したため，古代ギリシャやローマ

時代に集合住宅の存在が確認されている。

　一方，日本では，平屋の木造住宅が中心であったため，集合住宅の歴史は浅く，明治時代に登場した積層長屋が最初とされる[注1]。その後，大正時代に入り，欧米の影響を受けてアパート形式が登場し，関東大震災の復興に伴う同潤会アパートの大量建設と前後して定着した。それら集合住宅は，資金力のある団体，企業，政府等が建設・所有するもので，今日の概念でいえば，賃貸アパート，社宅，寄宿舎，公共住宅という性格のものであった。

●集合住宅の持家化の要請

　近代に入ると，欧州では集合住宅の各住戸を持家とする慣習的なルールや民法典が存在したことが知られているが，本格的な普及は，産業革命の進展とともに中産階級が台頭してからのことである。中産階級とは，貴族・資本家と下層労働者の中間層のことであるが，それらの人々は一定の資金力をもち，欧米の大都市では，集合住宅を持家として所有する要望が高まったと考えられる。

　このような要望に応える所有形態として，最初に普及したのが，コープ住宅（組合所有）[注2]とリースホールドである。いずれも，産業革命を先導したイギリスにおいて19世紀頃に登場したとされる。一方の区分所有は，20世紀前半にギリシャやフランス等で法律が整備されるが，本格的な普及は，おもに第二次大戦後のことである。

　つまり，集合住宅の持家化の方法として，区分所有に先駆けて普及したのが，組合所有とリースホールドである。なお，後者のリースホールドは，地主が所有する集合住宅の長期賃借権を売買するもので，不動産所有制度において土地と建物が分かれておらず借地権付き住宅の制度がないことに加えて，土地が貴族階層等に所有され売買が少なかったとい

第7章　マンションの"所有"を考える　～マンションを持続可能にするために～

うイギリスの特殊事情を背景としている。このため，以下では欧米各国に広く普及したコープ住宅，つまり組合所有について，区分所有との対比で詳しくみてみたい(注3)。

3 区分所有が組合所有より優勢になった理由

　集合住宅は，本来は一つの建物である。このため複数人が組合または法人を結成して，その所有権をもつ形式は，建物特性に照らして自然な所有形態である。今日でも，スウェーデンと米国ニューヨークでは，マンション（コンドミニアム）より組合所有（コープ）が一般的な持家形式である。

　では，区分所有に先駆けて普及した組合所有が，今日，なぜ限定的な広がりしかもたないのだろうか。なぜ区分所有が優勢になったのだろうか。この問いは，区分所有を評価する際の鍵を握っている。

●コープ住宅の登場と発展

　コープの発祥地はイギリスとされ，第1号は1861年建設である。これは，物資の協同購入で成功を収めた協同組合が，その組合員に住宅を提供する目的で実現したものであった。その後，住宅経営を主目的とした組合は，イギリスの影響で協同組合運動が広まったドイツとオーストリアが先駆といわれる。特にドイツでは，1890年代に政府の支援によりドイツ住宅協同組合が設立され，数多くの住宅が供給された。この先駆的実践は，北欧やその他の欧州諸国に広まり，スウェーデンやノルウェーにおける今日の隆盛につながっている。

　一方，新大陸アメリカでは，19世紀末のニューヨークにおいて，人種や宗教を同じくする者の社交クラブ的な発想に基づいて株式会社所有

のコープ住宅が登場した。居住者全員が株主となる本格的なコープ住宅の普及は第一次大戦後であるが，その頃には，アメリカ独自の社交クラブ的な発想に基づく高級コープ住宅と，欧州の影響を受けた協同組合運動の一環としての賃貸住宅の性格が強いコープ住宅の二系統が存在している。

その後，大恐慌による数多くの住宅組合の倒産という荒波を経験するが，第二次大戦後は，政府による融資や減税の支援により再興し，ニューヨークを中心にアメリカ社会に根を下ろした。今日では，約120万戸（うち持家型約78万戸）を数える世界有数のコープ住宅大国になっている。

●借家型と持家型のコープ住宅がある

以上の系譜からわかるように，コープ住宅には主に二系統あり，一つは協同組合や労働組合等を背景とした借家型である。これは，退去時には，少額の出資金が返還されるだけで資産性をもたないタイプで，政府の低利融資を受けて公的住宅の一種として位置づけられた国が多い。もう一つは，持家型コープ住宅である。これは，中古売買可能で資産性を有するため，区分所有マンションと対比できる所有形態となっている（他タイプを含む一覧は図1）。

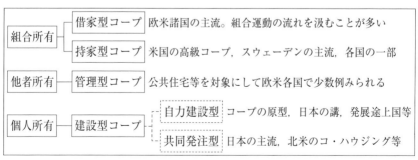

図1　コープ住宅の分類(注3)

第7章 マンションの"所有"を考える 〜マンションを持続可能にするために〜

　持家型コープは，今日では，おもにスウェーデンとニューヨークで普及している。その経緯を以下でみてみよう[注3]。

●アメリカにおける持家型コープの挫折と再生

　持家型コープの転機は，1929年に始まる大恐慌である。コープ住宅では，法人が資金を借り入れて毎月返済する。このため，入居者が破産して住居費が払えなくなると，金融機関への返済は，新たな組合員が決まるまでは残った者が連帯して支払うことになる。しかし，経済恐慌下では，支払いの連帯債務を負う新たな組合員は見つからなかった。結局，抵当流れにより全員が追い出されてコープ住宅が売却された。その結果，1934年には，シカゴとニューヨークの75%以上のコープ住宅が消滅したといわれる。

　一方，1942年に戦時体制下のインフレに対処するために家賃統制令が施行され，賃貸住宅経営が大打撃を受けた。このことが，その後のコープ住宅の復活に道を開くことになる。大恐慌時の失敗に教訓を得て，戦後の持家型コープ住宅は，「離脱条項」を定める工夫がなされた。この条項は，退去時に新たな継承者が見つからないときには，自分の持分権を住宅組合に返却すれば，それ以上の返済債務から免れるという条項である。しかし，この条項は，住宅組合に融資する銀行からみると，連帯保証が無い融資と同じでリスクが大きい。このため，戦後しばらくは民間融資が定着しなかった。

　このような状況を踏まえて，コープ住宅への公的支援を求める要望が高まり，1950年，連邦住宅局（FHA）は，住宅組合への融資に政府保証を行う制度を整えた。これにより，持家型コープ住宅の再興に道が開かれることになった。

127

●コンドミニアムの登場と普及

その後，1960年代になると，アメリカではコンドミニアム（区分所有マンション）が登場する。各州でコンドミニアム法が制定され（ニューヨークでは1964年），さらに政府の融資保証制度にコンドミニアムが組み込まれた。以後，コンドミニアムが急速に普及した。その中で，ニューヨークでは，今日に至るまでコープ住宅が優勢となっている。その理由は何であろうか。

●スウェーデンのコープ住宅

この疑問に答える前に，同じく持家型コープが普及しているスウェーデンを概観しておこう。その所有形態は，テナント・オーナーシップ（借家所有権）と呼ばれ，居住者が組合を結成して不動産を所有し，その組合から各居住者が賃借権を得て住む。この権利を「使用権」と呼ぶことにする。スウェーデンの特徴は，退去する際に，使用権を市場価格で売却できることである。しかも，使用権の購入に住宅ローンが得られる。つまり持ち家に近い。

もちろん，当初から住宅ローンの対象となったわけではない。政府支援を得てコープ住宅が増えつつあった1980年代中頃，金融緩和政策を背景として，金融機関がコープの使用権証書を不動産と同様な長期ローンの担保として認めたことに始まる。これ以後，住宅ローンが整備され，持ち家型コープの定着につながった。

●区分所有からみた持家型コープ住宅の長所

以上，アメリカとスウェーデンのコープ住宅を概観したが，両国での持家型コープの成功は，退去時に使用権を売買することを可能にしたこと，および，政府の支援によって使用権証書を担保とした長期融資を定

第7章　マンションの"所有"を考える ～マンションを持続可能にするために～

着させたことにある。

　その結果，限りなくコンドミニアム（区分所有）に近づいている。では，区分所有と同じなのであろうか。なぜ，持家型コープが今日でも優勢な地域があるのだろうか。その理由を以下に整理しよう。

① 　コープ住宅は入居者を面接できる

　　アメリカやカナダのコープ住宅では，入居時に面接が行われる。コープ住宅の入退居は，住宅の売買ではなく組合員の交代であるため妥当とされている。一方の区分所有では，専有部分に所有権および抵当権設定を認めたことの裏返しとして，管理組合による売買への関与をできる限り排除する仕組みになっている。

　　以上の違いが，人種や宗教が多様なニューヨークにおいて持家型コープが優勢となった理由と考えられる。つまり，居住者の同一性を維持できるとして，とくに高級住宅において支持されたのである。なお，アメリカでは人種や宗教を理由にした差別は法律で禁止されている。しかし，事実上，様々な理由をつけて入居者の同一性を保っているといわれる。

② 　コープ住宅の運営は法人と同じ原理

　　日本のマンション法では，建物の改修（共用部分の変更）には，4分の3以上の特別多数決という高いハードルが課せられている。これに対して，北米のコープ住宅では，除名や解散等の手続きが法律で定められている他は，定款により合意要件を相当自由に定められる。たとえば，理事会にほとんどの事項を委ね（住居費滞納者の除名決議もできる），その理事会の決定に組合員が異議を唱えたり，理事をリコールする方法を整えたりするという，いわば会社法に近い考えをとる例が多い。また，協同組合が経営する利点を生かして，スウェーデンでは保育サービス等を組合が整備する例がみられる。

③　入居前教育と民主主義の学校としての機能

　スウェーデンのコープ住宅が加盟する最大組織 HSB では，入居までの教育が充実している。居住者が参加して民主的に管理運営する意義が教育され，コープ住宅は民主主義の学校と呼ばれることもある。しかも，入居者に受講を義務づけることができる。日本のマンションにおける無関心の多さをみると，このような強制力を前向きに評価してよいと思われる。

④　専門家による管理支援の制度化

　スウェーデンのコープ住宅の過半は親組織に所属しており，親組織から派遣される専門家が理事会を補うことが制度化されている。このことは，住民主体の管理運営を支える仕組みとして興味深い。

●組合所有の評価と課題

　以上を踏まえると，組合所有は，組合が経営主体であるという点を踏まえて，区分所有にはない良さがあるといえる。しかし，両国の経緯をみると，持家型コープの定着には，使用権証書を担保にした融資の確立が必須である。しかし，これは通常の不動産担保ではないため，公的支援がなければ長期融資は成立しにくい。このため，多くの国では未成立か，あったとしてもリスクに応じた高金利になっている。

　これに対して，区分所有は，通常の不動産担保融資の仕組みが適用できるため，マンションの普及とともに住宅ローンが定着した。その結果，世界的には，区分所有が優勢になったと考えられる。いわば，住宅金融の観点から，区分所有は組合所有に優越したのである。

　とはいえ，コープ住宅には，前述したような良さもある。これら良さは，マンションの持続可能性を再考するためのヒントになるであろう。

第7章 マンションの"所有"を考える 〜マンションを持続可能にするために〜

4 マンションの評価と壊さない未来に向けての課題

　以上，世界の歴史の中で，区分所有と対比される組合所有の歴史を概観した。それを踏まえると，区分所有の意義を明確に理解することができる。

　すなわち，区分所有マンションは，各住戸について一戸建住宅と同じ不動産担保と売買の仕組みを適用できるようにしたことで，集合住宅の各住戸を所有するという都市住民の要求に応えることに成功した。その結果，集合住宅普及の原動力の一つとなったわけで，その功績は高く評価される。

　では，区分所有は完璧な所有形態なのだろうか。確かに，新築時においては，これを超える持家化の方法はないであろう。しかし，建物の老朽化や機能が陳腐化して建物改修等が必要になると，本来は尊重すべき個別の財産権（区分所有権）について，多数決によって制約しなければならないことが生じる。つまり，建物は一つであるという本質が顔を出す。これは，区分所有の根本的な課題であり，これをどう乗り越えるかが，マンションの持続可能性を占う鍵となっている。

●区分所有法の建物改修は高いハードル

　日本の区分所有法における決議要件を整理しよう。通常の維持管理は普通決議と呼ばれ，管理組合の総会において過半数の賛同があれば実施できる。しかし，現状を変更するための決議には，所有権を尊重する原則から高いハードルが課せられている。

　具体的には，管理規約と共用部分の変更は，区分所有者数および議決権の各3/4以上の賛成が必要である。さらに，建替えは，同4/5以上で

131

ある。これらは特別多数決議と呼ばれ，賛成者だけで当該比率を確保しなければならない。つまり，棄権者があれば，すべて反対者と同じ扱いになる。このため，特別多数決を成立させることは容易ではない。

　具体例を紹介しよう。筆者らが支援した団地管理組合において，集会室を建て替えて高齢者デイサービスと子育て支援の場を導入する計画が推進された。これは，団地を長く存続させるために重要な計画であった。しかし，臨時総会では賛成70％を得ながら否決された。法律上は3/4つまり75％が必要であった。決議の内訳は，棄権が約20％，反対約10％であった。棄権のうち半分は暗黙の反対，そして残りの半分は，意思表明が難しい区分所有者と推測された。高経年団地では，相続，入院，海外赴任，法人所有等により，意思表明をしない，あるいはできない者が相当数存在する。これらは最初から反対票と同じ扱いになるため，3/4のハードルは高い。むしろ，建替え決議の方が，全員に大きな利害があるため棄権者は減り，決議が進めやすい面があるようである。

　以上を踏まえると，マンションをできる限り長持ちさせるためには，共用部分の変更決議の緩和が必要になると考えられる。

●マンションの生涯にわたる法制度は未確立

　マンションの生涯を見通すと，多数決による決議が未確立で全員合意が求められる事項が残されている（図2）。

　最大の課題は，マンションの終わり方である。つまり，区分所有関係を「解消」して建物解体や敷地売却を行う制度である。周知のように，マンション建替えは，立地がよく容積率をアップできる場合でないと成功しにくい。マンションはできる限り長持ちさせつつも，いつかは終わりがくる。そのときに備えて，建替えだけではなく，多数決による解消制度の確立が求められる。

第7章 マンションの"所有"を考える 〜マンションを持続可能にするために〜

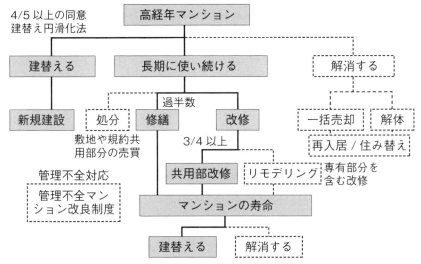

図2　マンションの生涯にわたる法制度（点線部分が未確立である）

　現時点では，被災マンションと耐震性に劣るマンションにおいて，4/5以上の特別多数決で解消が決議できる。今後は，一般老朽マンションへの適用が課題となっている(注5)。

●建物を取り壊さない解消が必要

　一方，新築段階で将来の解消を予定する制度として，定期借地権マンションがある。これは，50年以上の期間を定めて，期間満了後は無条件で土地を地主に返還するもので，一般には，建物の取壊しを条件とする。しかし，今後の省資源時代を踏まえれば，定期借地権マンションであっても老朽マンションであっても，建物は取り壊さず改修し，ホテルや老人ホーム等に転用するという仕組みも求められる。つまり，建物の取壊しを予定しない解消制度の成立がもう一つの課題となっている。

133

●管理組合には現状を変える力（経営力）が求められる

　長持ちするマンションに向けて，時代や周辺環境の変化に応じて，新しいサービスの導入，建物の改修，不動産の活用等が求められることが増える[注4]。

　たとえば，高齢化に伴い福祉サービスや施設を導入したり，敷地の一部をコンビニ店に譲渡または貸地したり，管理組合が店舗経営を支援したり，さらに，規約共用部分として空き住戸を購入したりすることである。逆に，機械式駐車場を廃止して別用途にすることもあろう。

　一方，管理費等の滞納額が中古価格を上回り，競売があっても落札されないことがある。実際，スキーブームが去ったリゾートマンションでは，落札されない例が生じている。このような場合は，管理組合自らが落札して，管理費等の滞納額を免除・精算した上で，再分譲するような荒療治も求められる。

　以上のように，管理組合が現状を変更し，各種サービスを導入したり，不動産を活用なり処分したりすることを「経営」と呼ぶことにする。経営は，区分所有法における「共用部分の変更」の決議で対応できる場合もあるが，総じて，マンションを維持管理するという範疇を超えている。これを多数決で実施できるような仕組みが今後の課題となろう。

●合意形成が行き詰まる管理不全マンションへの対応

　マンションにおいて，何らかの理由で建物修繕が放置され，管理不全に陥ることがある。日本マンション学会の特別研究委員会による全国調査によると，住宅需要が減退した地域に限らず，大都市においても，管理会社の倒産，反社会的団体の介入，等価交換等での大口所有者の無関心，火災などの突発事項を契機として，管理不全に陥る例が報告されている[注6]。

第7章　マンションの"所有"を考える 〜マンションを持続可能にするために〜

このような管理不全マンションでは，管理組合が崩壊しており，自力で合意形成をして対処することが困難な場合が多い。このことが周辺地域に悪影響を及ぼす場合は，マンションの所有権を制限し，行政代執行により修繕や解消等を行う制度が求められることになろう。

●問題の解決に向けて

以上の問題を解決するためには，区分所有における所有権の制限，および多数決の導入の拡大が求められる。では，どこまで多数決を拡大できるのだろうか。

一つの目安である過半数決議は，法人や組合の意思決定原理である。このため，マンションの現状変更を過半数で行うことは，個別の所有権の集合体である区分所有の質的変容を意味する。とりわけ，金融の基盤である抵当権について，多数決によって権利が侵害されることになればマンションの根幹が揺らぐであろう。

以上を踏まえると，区分所有の持続可能性を高めるためには，少数反対者や抵当権等の保護に配慮することを条件としつつ，①全員合意が必要な事項に特別多数決を導入すること，②現在の特別多数決議について要件緩和を検討すること，が必要になると考えられる。

5 区分所有マンションの代替案

区分所有の代替案としての新しい所有形態の可能性を紹介しよう。

●区分所有から賃貸マンションに切り替える〜つくば方式〜

最初に紹介するのは，筆者らが実用化したスケルトン定借（通称，つくば方式マンション）である。これは，土地を定期借地権として，長寿

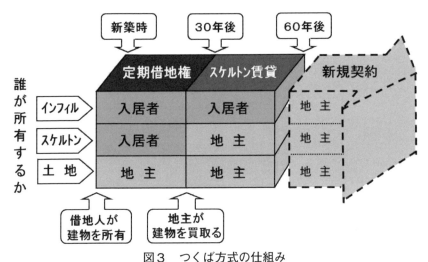

図3 つくば方式の仕組み
(注) 定期借地権マンションからスケルトン賃貸に切り替わる。

命が期待できるスケルトン・インフィル (SI) 方式のマンションを建設し，30年以降の任意の期間を定めて，その期間後は地主が建物を買い取り賃貸マンション (スケルトンを貸す方式) に切り替える仕組みである (図3)。なお，地主が建物を買い取らない場合は，そのまま定期借地権が継続し，最後は地主に建物を無償譲渡する。法律上は，60年間の一般定期借地権と建物譲渡特約付借地権を合体して設定する仕組みである[注7]。

● 区分所有の代替案としてのつくば方式の意義

つくば方式の意義は，建物を取り壊さずに区分所有関係を解消する点にある。これにより，建物老朽時の合意形成の問題を解決しようとするものである。

つくば方式は，約10棟実現している。現時点では，つくば方式も定

期借地権マンションの一形態であり、地主が借地を提供しないと実現できない。このため、広く普及することは難しいが、そこで提起されている長寿命住宅を建設し、区分所有から賃貸マンションに切り替える仕組みは、区分所有を見直すためのヒントになる。

今後、マンションの解消制度が成立すれば、解消後に賃貸マンションに切り替えることが選択肢になる。つくば方式の経験は、大いに役立つであろう。

●日本での居住者法人所有の可能性

組合所有の可能性を追求することも重要なテーマである。前述したように、区分所有にはない良さをもつからである。

これを日本で実現する場合は、その法人形態は、組合に限らず、会社や社団法人がある。実現例としては、株式会社所有とした高齢者向けのコミュニティハウス法隆寺がある。もちろん、現在のところ居住者法人への長期融資は困難である。しかし、コミュニティハウス法隆寺では、土地を定期借地権として価格を抑え、入所者を高齢者中心とすることで住宅ローンを不要とした。これにより実現に至っている。

しかし、一般化を目指すならば、やはり融資ができる仕組みとすることが必要になる。実現には至らなかったが、筆者らによる提案を以下に紹介したい。

●合同会社所有とファンドによるコープ住宅

具体的には、入居者が合同会社を設立してマンションを所有するが、図4のように公的ファンドを導入することで銀行融資を成立させるものである[注8]。

合同会社とした理由は、定款で自治ルールを定めることができ、居住

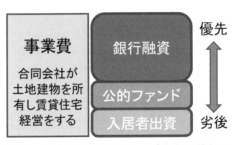

図4　合同会社によるコープ住宅の仕組み

者法人の制度として適しているからである。一方の金融については，銀行融資を土地建物担保により事業費の5割までとし，保証人なしの事業融資を成立させている。残りの5割は，2割を居住者が頭金として出資，3割は公的ファンドから拠出する仕組みである。提案当時は，街なか居住再生ファンドがあり，市街地再開発の一環としての公益性があれば適用が可能であった。

　この方式を事業試算した結果，入居者出資とコーポラティヴ方式の効果から，土地を購入しながら市場家賃並みで入居できることがわかった。25年目に銀行への返済が終われば，家賃は大きく下がるメリットがある。加えて，各種サービスの導入や入居者面接が可能になるなど，法人所有のコープ住宅の良さを生かすことができる。

　本提案は，実際の敷地を定めて新聞発表と入居者募集を行ったが，集まった方々は全員が高齢者であった。高齢者は，住宅ローンの借入れが難しいため，法人経由で融資を受ける当方式にメリットを感じたようである。しかし，一般ファミリー世帯は，住宅ローン減税が得られないこと，経営破綻のリスクがあること（損失は出資金の範囲にとどまるが），分譲マンションに比べてメリットが乏しいと判断されたようである。

第7章　マンションの"所有"を考える　～マンションを持続可能にするために～

●法人所有のさらなる可能性

　本提案は，残念ながら実現には至らなかったが，今後の公的住宅や賃貸マンションの払い下げ等では，居住者法人所有とする可能性は大きい。その理由は，本方式ならば，全員が居住者法人のメンバーにならなくても，当法人に払い下げできるからである。欧米のコープ住宅でも，既存賃貸マンションの転用によって成立した事例が多いことを踏まえると，十分に可能性があると考えている。

　一方，被災マンションの解消過程において，一般社団法人を設立して敷地売却事業を行う方式が実践されている。居住者法人の可能性は今後の検討テーマになろう。

6 おわりに
～持続可能な区分所有に向けて～

　以上，集合住宅の持家化の歴史を概観しつつ，区分所有が普及した鍵が住宅金融の成立にあることを明らかにした。それにより，今日のマンションの隆盛につながったわけで，その功績は大きい。しかし，マンションの老朽化等とともに問題が顕在化していることも事実である。

　このような問題を解決する代替案として，「つくば方式」と「居住者法人所有」を紹介した。これらは，賃貸への切替えによる長寿命化，各種サービスの導入のしやすさ，入居者の面接を通じた安心居住の実現，その他のメリットをもち，区分所有を見直すために示唆に富んでいる。さらに検討を続けることが期待されよう。

　その一方で，すでに都市住宅として定着した区分所有マンションを発展させることが重要である。以下にその方針をまとめる。

　① 壊さない未来に向けて共用部分の変更の決議要件を緩和

　　　今後，建物の改修や利用方法の変更が求められることを踏まえて，

共用部分の変更について決議要件を 3/4 以上から 2/3 以上に緩和するか，あるいは，意思表明をしない所有者を決議の母数から外す仕組みを創設する。後者はマンション管理への無関心を見直す契機にもなろう。

② リモデリングを特別多数決で実施

共用部分の改造とともに専有部分を変更する改修（たとえば，バルコニーの室内化等）を計画する例（リモデリングと呼ばれる）があり，これを特別多数決で実施できるようにする。

③ 処分行為や経営を特別多数決で実施

コンビニ店や福祉施設の導入やそのための土地提供（借地や譲渡），集会室にするための専有部分の購入，駐車場にするための敷地購入，規約共用部分の購入・売却等について，特別多数決で実施できることを明確にする。

④ 敷地分割を特別多数決で実施

上記の処分等のために，土地の一部を分割する，あるいは，団地の一部建替えのために，敷地分割を行う等について特別多数決で実施できるようにする。

⑤ 一般老朽マンションの取壊しを前提としない解消の実現

一般老朽マンションにおいて特別多数決による解消決議を創設する。この場合，他用途への転用も可能になるように，建物の取壊しを予定しない解消を選択できるようにする。

⑥ 管理不全マンション改良制度の創設

管理不全マンションが地域に悪影響を及ぼすことを避けるために，行政代執行による建物修繕や取壊しを可能にする制度を創設する。

以上の制度改正の実現には，所有権や抵当権保護について慎重に検討

第 7 章　マンションの"所有"を考える 〜マンションを持続可能にするために〜

することが求められる。しかし，区分所有の持続可能性を高めるためには，個別の所有権に対する一定の制限は避けられない。今後，長持ちするマンションに向けて，その可能性を検討することが重要であろう。

(注1)　集合住宅の歴史は，西山夘三『日本の住まいⅡ』勁草書房，1976，『日本における集合住宅の普及過程』日本住宅総合センター，1997 等を参照。
(注2)　cooperative housing。英語の発音はコウオプであるが，日本での慣習にならいコープと表記する。
(注3)　コープ住宅の概要は，小林秀樹他『住民主体の居住環境整備』第 2 章「世界のコープ住宅」と，当該文献に掲載の参考文献を参照。
(注4)　小林秀樹「住環境形成における管理組合の役割を積極的に位置づける」『マンション学』48 号，pp.41-47，2014
(注5)　解消制度特別研究委員会「マンション解消制度」『マンション学』60 号，pp.107-123，2018
(注6)　特集「マンションの管理不全と解消制度」『マンション学』56 号，2017
(注7)　竹井隆人・小林秀樹他『スケルトン定借の理論と実践』学芸出版，2000
(注8)　つくばハウジング研究会「全国都市再生モデル調査―土浦中心市街地における組合型集合住宅の検討」2006.3 および同研究会のホームページ参照。

第8章
区分所有制度の持続可能性と管理組合の役割

早稲田大学大学院 法務研究科 教授
鎌 野 邦 樹

1
はじめに

　本章は，一般財団法人 住総研主催によるシンポジウム「区分所有の呪縛を超えて～集合住宅に係る新たな持続可能な社会システムを探る」（2018年9月11日，東京・建築会館にて開催）において，田村誠邦，齊藤広子，園田眞理子，小林秀樹の各氏による講演に続いて筆者がおこなったコメント，および田村氏の司会のもとで上記3氏のほか筆者が参加して行われたシンポジウムでの筆者の発言をもとにして，さらに，新たに編者から求められた「現行法で管理組合（の経営）はどこまで可能か」といった課題に対する筆者の回答（見解）を加えたものである（上記各氏の論考は本書に収められている。ただ，以下，本章では，各氏の発言の詳細およびそれに対応する本書の該当部分については，具体的に明示し引用することはしない）。

2
区分所有制度の持続可能性

●「区分所有の呪縛」を超えて「新たな持続可能性」を求める必要性
　本書の大きなテーマのひとつ（上記シンポジウムのテーマ）は，「区分

所有の呪縛を超えて～集合住宅に係る新たな持続可能な社会システムを探る」というものであるが，区分所有法を研究している立場によるものかもしれないが，筆者は，あえて「区分所有の呪縛」と言わなくてもよいのではないか，別に「超えなくてもよいのではないか」と考える。超えなくても，区分所有の制度を改革ないし再構成することによって，「持続可能性」は維持できるし，もし持続可能性が維持できなければ，区分所有制度そのもの── 100年くらいの歴史を有する区分所有制度──が無に帰すると思うのである。区分所有の制度を廃止（1棟の建物の一部に単独の所有権を認めないことにする）した場合に生ずる問題の方がより大きいものと考える。

　もっとも，このようなテーマの設定者自身も，基本的には同じ想いであると思われ，同テーマについては，「区分所有制度の廃止を」という提言ではなく，むしろわが国の現行制度のままでは現にマンションが抱えている，または抱えつつある問題──建物の経年劣化および居住者の高齢化に伴う老朽化・管理不全マンションの出現等──に対応できないとの意図であるとも思われる。

　小林秀樹氏が指摘する区分所有の歴史の理解（住宅を取得する際に金融との密接な関連があったとする理解）に反対するものではないが，実は，区分所有という制度は，前世紀以前から，さらに中世から存在したようである。しかし，中世でのこのような形の共有というのは紛争のもとであるということで，近代法では否定された。ただ，たとえばエーゲ海の島々などでは，非常に島が狭いので，区分所有という制度が出現した。したがって，ヨーロッパでも1920年代にはじめて民法とは独立した形で個別法として区分所有法を制定したのはギリシャであった。そして，1951年にドイツで非常に精緻な区分所有法が立法化され，確固たるものとして区分所有制度が確立した。日本でも1962年に区分所有法が制

定されたが，齊藤広子氏の指摘のように，同法の1983年の改正が区分所有制度の大きな転換期であり，同改正によって建替え制度が導入された。

　実はこの建替え制度自体が，ある意味ではマンションの持続可能性というか，園田眞理子氏および齊藤広子氏がいう「マンションの循環」ないし「マンションの終焉」ということを目的としたものとも考えることができる。わが国で1962年に区分所有法の制定により区分所有の制度が創設されたときには，「マンションの終末」はまだ考えなくてよい幸せな時代であったと思われる。ただ，立法に当たって関係者は，このことを全く意識していなかったわけではない。条文上は区分所有者の協議で決めるということだったが，法務省の立法担当者は，将来はやはりこのことは問題になるから，それは，将来の時代の問題としてしっかり受けとめましょうというような宿題をきちっと課して先に送っていた。それが1983年の建替え制度というものに繋がったと考えられる。

●集合住宅の多様な形態

　ところで，1棟の建物を集合的に住宅として使うというときの区分所有制度以外の法的態様としては次の制度などが考えられる。

　1番目は，建物を丸ごと複数の居住者の共有とする。2番目は，建物は区分所有とするが，その敷地は，地主が時限つきで複数の者に賃貸し（定期借地），最終的には地主が土地と建物の返還を受けて地主の単独所有として一本化する。3番目は，伝統的な建物の賃貸借（複数の住戸の賃貸借）の形式である。

　1番目について，日本の1962年の立法化の際にもスイス法などにならってそういうふうにしたらどうかという意見があったが，そうすると小林秀樹氏の指摘のように融資の問題があり，また，共有というのはや

はり紛争の巣窟になる，それ自体またもめる要因になるというようなことで採用されなかった。2番目については，現に区分所有制度と併存して存在しているが，どちらを選択するかの判断は，住宅を供給する側とそれを取得する側との「市場」での関係によって決定されるのだと思われる。3番目についても2番目と同様の問題がある。

そうすると，日本だけではなく外国でも，区分所有制度が広く普及して今日に至ったのにはそれなりの理由があり，今後は，何とか区分所有という制度を再構築して持続可能な制度とするために，さまざまな工夫をしていくほかないのではないか。ただ，当然，多様な制度はあってよいのであり，それは，長所と短所を勘案してそれぞれの居住者の選択に任せることになろうが，主流はやはり区分所有という制度を維持せざるを得ないと思われる。

● 区分所有の持続可能性と「建替え」

前述のように，マンションないし区分所有建物の終わりというのは，最終的には建替えであり，建替えを繰り返すことによって持続可能性を維持することができるというのが，1983年の改正法の思想であった。しかし，マンションの終末の主因として想定されていた「老朽化」を待たずに，現実には，1995年に阪神・淡路大震災がおこり，そこで実際に明らかになったことは，建替えは，費用等の問題から簡単なものではないということであった。当然の理といえばその通りであるが，改めてその点を実際に認識したのである。つまり，建替えは，震災のときでさえ難しいのに，ましてや老朽化のときにはいっそう難しいと実感されることになった。

1983年改正の区分所有法の建替え制度は，基本的には，不幸にして大災害に遭遇してしまった場合，または，相当に老朽化した場合にはじ

めて建替えが認められる制度であった。すなわち，客観的な要件として，「費用の過分性」を設けて，建物の共用部分等を修繕または維持するのに過分の費用を要するようになった場合には，費用倒れになり建物を維持・回復することが無駄なことになる。そのような場合には，建て替えた方が経済的に合理的であるというので，過分の費用の要件を規定していたのであった。

ただ，次の 2002 年の改正の際には，阪神・淡路大震災のときもそうであったように，この「過分の費用」自体が争いのもとになり得るとして，同要件は撤廃された。すなわち，所定の特別多数決議がなされても，「過分の費用」を充たしていないとして建替え反対者の側から争われて裁判となり，そうなると実際には復興が進まないというようなことになり，そこで 5 分の 4 以上の多数決の要件だけで建て替えられるように改正がなされた。

2002 年にそのように改正されたが，ただ，現実的に，建て替えるためには，まず建物の全部を取り壊して，新たな建物を建てる必要があるが，そのためには相当な費用が必要であり，その費用負担がかなりの額になる。高齢になってから新たに建物を建てると考える人は多くないであろうし，現に，田村誠邦氏の報告において具体的な統計資料が示されたように，全体として建替えというのはわずかしか進んでいないし，費用負担の面で相当条件のいいところでしか進んでいない。

ところで，区分所有の持続可能性と建替えの問題は，日本だけではなく世界的な課題である。韓国では，近年の経済成長とソウルやプサン等の都市への人口集中という現実に対し，既存の区分所有建物も含む低層住宅を超高層マンション団地へ建て替えることによって解決してきた。ここでは，余剰容積を活用した余剰床の売却によって既存の区分所有者のわずかな負担によって建替えが可能となり，いまや韓国では全国の住

宅の8割以上がマンションとのことである。国情は異なるが，中国では，いっそうの政府主導によって，いまや4億戸のマンションがあるという。都市におけるマンションは，韓国と同様に，超高層の大規模団地である。おそらく韓国と中国では，将来，日本以上に区分所有の持続可能性と建替えの問題が深刻になると思われる。

3 区分所有の持続可能性の基本

●建物の長寿命化・延命化

　それでは，区分所有の呪縛を超えた，新たな持続可能性を探るに当たっての課題は何か，言い換えると，区分所有の制度を無に帰さない，いわば持続可能な制度にするためにはどのような方策が考えられるか。それは，既に前回（第1回目）のシンポジウムの課題であったと思うが，やはり，第一原則は，できるだけ今の建物を長もちさせるということだと思われる。実際上，建替えが困難であることについては既に述べたが，後述する解消・売却も現実にはなかなか難しい。そうであるならば，やはりできるだけ建物を長もちさせるということになろう。

　欧米などでの区分所有に関するこの種の議論の前提は，「建築後60年を経過したらどうするか」というもので，日本で少なからずなされる「30年ないし40年のマンション」という前提はない。欧米ではもちろん，日本でも「60年」の目安は短いといった意見（小林秀樹氏報告等）はある。

　欧米と日本とのマンションの経年ないし老朽に関する具体的な期間についての考え方の違いは，建物の構造，地震等の災害の有無・多寡，およびこれまでの建物の寿命についての経験的な事実によることもあろうが，国民の建物や住環境についての意識とも無関係ではないと思われる。ほとんどのヨーロッパの区分所有法制は，老朽化を理由とする多数決（特

別多数決）による建替えを認めていない。

●建物の長寿命化とその後の解消（建替え・売却）

　建物の長寿命化・延命化を考えるに当たり，なお重要なことは，経年劣化して修繕により建物を維持・回復するのに過分の費用を要するに至る場合はあると思われるので，建物の長寿命化・延命化を出発点としながらも（この前提がないと，小林秀樹氏の報告にもあった「経営的な視点からの変更」といった発想も出てこない），第二原則としては，建替え以外の「解消」についても視野に入れる必要がある。

　なお，先に述べた2002年に区分所有法で改正され撤廃された「過分の費用」という考え方は，実際上は，曖昧で明確ではなく，これ自体が紛争のもとになるため法制上の要件としては撤廃されるべきであったが，区分所有者が建替えや解消について判断する際の目安としては有用であると思われ，実務上の一つの指針・基準としては非常に重要なものであると考える。これ以上長持ちさせても，経済的には立ち行きませんという状態に至ることがあると思われる。

　そこで，建替えに代わる，ないしは建替えと併存する制度として，解消制度（マンションと敷地を売却して区分所有者でその代金を分けるという制度）が必要となってくる。ただ，あらかじめ述べておくと，とはいっても，解消という制度を構築すれば，それで全てが解決するかというと，決してそういうことはなく，建替えと同じくらい，おそらくその解消決議は難しいとも思われる。つまり，自分たちの建物を売ってお金で分けても，それでその後どうやって暮らすのか，どこに住むのかということを考えれば，なかなか合意形成は難しいことになろう。

4 管理組合の「管理」の目的と範囲
～「経営的管理」の可能性～

　建物の長寿命化・延命化の過程では，できるだけ当該建物を建築当時の原状で維持するだけではなく，実際には，高齢者など居住者のニーズに合わせて当該建物および敷地を大きく変更する必要がある場合もあると思われる。また，建物の手当てではなく，高齢等の区分所有者に対する手助けを他の区分所有者ないし管理組合が事実上せざるを得ない場面も少なくないであろう。もちろん，各区分所有者が当該マンションでは自己の生活上・身体的ニーズを充足できない場合には，自己の専有部分を売却するなどして別の住宅に移るといった選択肢があり，基本的にはそのことに委ねられよう。各区分所有者は，本来，当該マンションの購入時の原状を前提とし，また，そのような建物や敷地等を「管理」するために区分所有法3条の団体（管理組合）の構成員として強行的に組み込まれたと解される。とは言っても，多くの区分所有者が，新たに他の住宅を求めるのではなく，当該マンションにおいて，社会や地域等の状況や自己の身体の状況の変化に合わせた改良ないし改善を含む「管理」についても，全面的に排除されるべきではなく，検討する必要があろう。本シンポジウムにおいて，田村誠邦氏や小林秀樹氏から問題提起がなされ，また，本書の編者から筆者に回答（見解）を求めた「現行法で管理組合（の経営）はどこまで可能か」という課題は，このようなことであろう。

●管理組合の「管理」の目的と範囲

(1) 「管理」のために基本的共用部分

　区分所有建物のうち，特に居住用の区分所有建物（複合用途型も含む「マ

ンション」）にあって，相当数の区分所有者が居住している場合において，実際に区分所有法3条に定める「管理」を行うためには，その要素として，「集会」（34条）を行う会場は別として（年に1回ないし数回の開催のためには，近くの施設を借用すれば足りる），「管理」を実施するために「管理者」ないし「理事」（25条以下，49条以下）がその権限に基づく業務を行う場所（理事会のための集会室等）や「規約」や議事録等の保管場所（管理事務所等）（33条1項，42条5項）その他の共用部分ないし共用施設が必要である。分譲時において，その他の多様な目的のための共用部分（談話室，外来者宿泊施設，キッズルーム，プール，トレーニング施設等）ではなく，「管理」のために一般的に必要な共用部分・共用施設（上記の集会室や管理事務所のほか防災等備品倉庫等）が備わっていない場合には，実際上，区分所有法3条が定める「管理」に支障が生じ得る。

　したがって，当該マンションの「管理」にとって少なくても実際上必要と考えられる共用施設を規約共用部分として区分所有者全員の共有とするために管理組合が取得することは，管理組合の目的の範囲内の「管理」に該当すると解され，規約共用部分の決議をする前提としての建物の取得についても一体として「団体的意思決定に服すべき事項」（濱崎恭生『建物区分所有法の改正』法曹会，1989年）としてこの特別多数決議により決定し得ると解されよう。ここにおいて取得されるべき建物は，必ずしも専有部分だけでなく「附属の建物」であってもよく（区分所有法4条2項参照），「横浜市での事例」（横浜市記者発表資料「マンション・団地の再生を支援！」平成30年12月25日，建築局住宅再生課）のように，「空き住戸」である必要はない。そして，ここでの特別多数決は，共用部分の変更に準じて，区分所有者および議決権の各4分の3以上の多数による集会の決議（区分所有法17条1項）となろう（「横浜市での事例」を含め，この点については，鎌野邦樹「マンションの長寿命化と解消をめぐ

る法的課題」浅見泰司・齊藤広子編『マンションの終活を考える』プログレス，2019年参照）。

　なお，田村誠邦氏らが「京都・西京極大門ハイツの事例」として掲げた，外壁の外断熱化，住戸の二重ガラス，共用部の LED，CO_2 排出権の売却といった環境面への取組み，排水管の取替え，電力容量の拡大，共用廊下の新設，共用部のバリアフリー化といった共用部の改修，および，AED の設置，セキュリティシステム，居住者名簿，緊急連絡先の把握，鍵の保管システム，防災備蓄，防災訓練の恒常化といった安心・安全への取組みについては，その大部分は，現行の区分所有法でいう「管理」（17条，18条）に該当すると解され，特に法的な問題は生じないとも解される。

　また，管理組合のソフト面の取組みとしての，各種イベント，日曜喫茶，子供絵本文庫活動や顔の見える関係づくりについては，最後の5で述べる問題と同様，基本的には，管理組合の「管理」に関連はするが，その直接的な業務ではなく，あくまで理事ないし区分所有者の任意の活動と解するべきであろう。このような活動は，任意である限りにおいて，また，管理費からの支出がない限りにおいて，否定されるべきではない。

(2)　**全員の合意により取得した共有物の共用部分化**

　(1)で述べた「管理」のための必須の共用部分に対し，マンションの「管理」にとって必須とは考えられない建物や施設（プールやトレーニング施設等）については，その取得については，通常「管理」の範囲を超えるから，区分所有者全員の合意によってこれを取得しなければならず，ただ，これを全区分所有者の合意による取得後に共用部分として管理する必要がある場合に規約共用部分とすることについては，上述の「管理」の要素とは無関係に，既に区分所有者全員の共有であり，共用するのであるから，これを広く認めてもよいと解される。

(3) 社会状況の変化等により実際上必要となり得る共用部分

　ここでの最大の課題は，田村誠邦氏らの挙げた「京都・西京極大門ハイツの事例」や小林秀樹氏の挙げた「コンビニ店等の誘致の場合」のように，高齢者等談話室，外来者用宿泊施設，キッズルーム，図書館，受験生等自習室などの用途の規約共用部分として建物や施設，また，そのための敷地を管理組合が特別多数決議により取得することについてである。思うに，当該マンションの規模，構造，居住者の状況や意向，取得のための費用の多寡や支出元等を総合的に勘案して，それが当該マンションにとっての「管理」に該当するか否かが判断されるべきであろうか。

● 今後の課題と立法の必要性

　マンションを長寿命化させるにあたっては，建物の物理面の手当てだけではなく，建物および敷地について，分譲時とは社会状況も居住者も異なるため，分譲時の状態をそのまま維持するのではなく，社会の変化および居住者の年齢等の状況に応じた対応が必要となる。たとえば，空き住戸を買い取って実際上の「管理」に欠かせない集会室を（分譲業者ではなく）区分所有者自身で創設するといった事項もそうであるが，分譲時に存在する建物や敷地等の「管理」に限定されない，むしろ居住者たる区分所有者の状況に適合するような建物や敷地等の「管理」をさらに推し進めていく必要があろう。

　そのためには，空き住戸の買取りの可否等について，それらをもっぱら解釈に委ねるのではなく（この点については，前掲・鎌野邦樹「マンションの長寿命化と解消をめぐる法的課題」），立法上これらの点が明確となるような措置が講じられることが望まれる。

　そして，さらには，「法3条の「管理」の実質化に資する要素」に係る事項に限定するのではなく，それを超えて，建物（専有部分を含む）

や施設の取得を伴う場合も現在の区分所有者の共同の利益に適合するようなときには，共用部分等の「変更」として団体的意思決定（多数決議）によって可能となるような立法が望まれる。

　たとえば，空き店舗を管理組合で買い取って，直接的に「管理」に適合する集会室や防災備品倉庫とするだけではなく，高齢等の居住者のための談話室にしたり，コンビニ店や福祉施設を誘致して無償または低廉な賃料で貸すこと（空き店舗の所有者や管理組合が市場賃料を要求する限りこれらの賃借人を得ることは難しいことから，管理組合が設定する賃料については低廉なものとしたり，場合によっては無償として容易に解除できるように使用貸借（民法597条1項）とすることも考えられる）や，逆に，常駐の管理人を雇用しなくなったために不要となった（規約）共用部分たる管理人室を管理組合が第三者に売却することを団体的意思決定（多数決議）により可能とする立法が望まれる。

　ただ，ここでも，団体的意思決定（多数決議）に服するべき管理組合の目的の範囲（最広義の「管理」）をどこまでにするかについて，たとえそのための費用の負担等につき多数の区分所有者の賛成があったとしても，少数非賛成者に対し，取得にあっては強行的に費用負担を課して共有持分権を取得させ，売却にあっては強行的にその共有持分権をはく奪することとの兼ね合いが問題となり，また，その他検討すべき課題（敷地外の建物や土地等の購入，敷地の一部の売却，および以上の事項を立法上，区分所有建物一般に認めるのかマンションに限定して認めるのかの問題等）も少なくない。なお，ここでの法的視点は，小林秀樹氏の述べる，管理組合が当該管理において経営的に赤字のリスクを負うかどうかの視点とは異なる。

5 結びに代えて
～高齢者の見守り等について～

　近い将来，マンションの長寿命化・延命化が定着すれば，建物の経年と当該マンションの居住者の高齢化とは相関しないが，当面は，この両者は，現実に相関する。したがって，マンションの長寿命化・延命化にあたっての「管理」のソフト面の課題として，居住者の高齢化に伴う問題にいかに対処すべきかという課題がある（以下の記述は，前掲・鎌野邦樹「マンションの長寿命化と解消をめぐる法的課題」における記述と一部重複する）。

●居住者の高齢化に伴う問題

　「高経年マンション」においては，高齢者が多数を占めることになるが，そこにおいては，①身体的ハンデを抱える居住者，②認知症を抱える居住者，および③高齢者のみ世帯または単身世帯が少なからず存在する。これらの事項に対し，管理組合ないし理事会は，マンションの管理との関連でどのように向き合うべきか。

　②に関しては，まれには迷惑行為（専有部分の「ゴミ屋敷化」，共用部分の毀損，管理組合への苦情，総会の運営の妨害，近隣トラブル，徘徊，水漏れによる階下への影響等）に対する対応も問題となり，③に関しては，「孤独死」を防止するなど日常的な生活サポートが問題となる。

　以下では，これらの高齢者の「見守り」について管理組合ないし理事会がどこまで関わるかといった，マンション「管理」の範囲ないし内容について，簡単に述べることにする（これにつき若干詳細に検討したものとして，鎌野邦樹「高齢社会とマンション」小賀野晶一ほか編『認知症と民法』228頁以下，勁草書房，2018年参照）。

●管理組合・理事会の対応

　高齢者に対する「見守り」については，一般的に，管理者ないし理事・理事会の「管理」に関する業務には属さず，また，これを規約等によって理事等の業務として義務付けることは基本的に共用部分等の管理から外れるために認められないと解され，さらに，実際上，理事・理事会にこの点に関する業務を義務付けることは過重負担となり，非現実的である（「支える側」も高齢者であることが多い）。

　ただ，このような限界を十分に認識した上で，可能な範囲で，管理組合ないし理事会が，自治会，地域の関連団体または行政と連携すること（たとえば，高齢者等の親睦会や昼食会等のためにマンションの集会室等を提供すること）は，「管理に関する業務」として認められるだけでなく，法的に要求される諸々の合意形成（共用部分の管理，復旧，建替え等についての集会決議）を図るためにも有益であろう。

　なお，居住者の高齢化を背景として，マンション管理業者が提供する業務範囲は，共用部分の管理にとどまらず，専有部分の照明電球の交換など専有部分を対象とするサービス業務にまで拡大し得るところ，当該サービスに対する費用負担は原則としてそのサービスを受けた者とすることを基本としつつも（なお，現在，郵便局等が比較的少額で「みまもり訪問サービス」を提供している），管理組合が，自治会，地域の関連団体または行政と連携するに際しての企画立案や実施の支援および建物の巡回等の際に発見した事故等の対応等（救急車の手配等）について，管理組合がマンション管理業者にそれらの業務につき委託することは考えられよう（この点に関しては，2018年3月の改訂に係る国土交通省作成の「マンション標準管理委託契約書」の3条関係のコメント参照。なお，同検討に当たっては筆者も参加した）。

　以上で述べたように，20世紀初期に誕生したマンション区分所有法

第8章　区分所有制度の持続可能性と管理組合の役割

制が持続可能なものとなるためには，ハードの面では，建物の長寿命化・延命化およびその後の解消を基本とした制度へ，また，ハードとソフトの融合した面では，管理組合の「管理」の目的ないし範囲について，一方では各区分所有者の自発性に任せる部分を確認した上で，他方で社会や居住者の状況に適合的な部分については，これを積極的に「管理」の中に組み込んだ制度へと再構築が図られるべきであろう。

第9章
マンション管理の全体像を捉える
～フランスの事例から～

新潟大学 工学部 准教授
寺 尾　仁

1 はじめに

　マンションは，一方では人々の住生活にとっても地域にとっても大切なものとなりつつ，他方では居住者・所有者・地域社会・行政等々の関係当事者にとってその維持・管理・処分が悩みの種となっている。これは日本だけでなく，先進国にかなりの程度で共通に見られる現象であり，多くの国でそれに対処するための法制度見直しが進められている。本章では，日本の比較対照の事例としてフランスの法制度改革を取り上げる。

　これには2つの理由がある。第1には，区分所有法の歴史が近いことである。現行のフランスの区分所有法は「建物の区分所有の地位を定める1965年7月10日の法律第65-557号（Loi n° 65-557 du 10 juillet 1965 fixant le statut de la copropriété des immeubles bâtis：以下「65年法」と略）」と，「建物区分所有の地位を定める1965年7月10日の法律第65-557号を適用するためのデクレ第67-557号（Décret n° 67-223 du 17 mars 1967 pris pour l'application de la loi n° 65-557 du 10 juillet 1965 fixant le statut de la copropriété des immeubles bâtis：以下「67年デクレ」と略）」という2つの法令が骨格を構成している。65年法は1985年に大きな改正が施された後，とりわけ1994年以降に荒廃問題に対処すべく改正が繰り返

されている。これは日本で建物区分所有法が1962年に制定され，1983年に大きく改正され，さらに1995年の被災マンション法制定以降，新法制定や改正が繰り返されている日本法の状況と近い。

　第2には，フランスでは主たる住宅の中でマンションが占める割合が28％であり，とりわけ都市部の住宅の一般的な所有形態となっているため，日本のマンションの将来を考えるにあたって一つのベンチマークとなり得ると考えたからである。

　そこで，本章では，フランスの区分所有法が定める管理体制の骨格と近年の改正動向，目指すべき管理水準とその達成手段，居住者の住居費負担能力の順に検討を進めることとする。

2　区分所有法で定める管理体制

●骨　子

　フランスの区分所有のしくみはおおむね次のとおりである。区分所有とされる不動産は，区画ごとに複数の所有者が分けて所有している，建物のある不動産あるいは建物のある不動産の集団である。各区画は，専有部分（partie privative）と共用部分（partie commune）の持分（quote-part）を不可分に必ず含む（65年法第1条）。専有部分とは特定の区分所有者が専ら利用するために確保されている土地・建物を指し，各区分所有者が専属の所有権を有する（同第2条）。すべての区分所有者あるいは一部の区分所有者の利用あるいは利益に充てられている，建物あるいは土地の部分は，共用部分である（同第3条）。この部分はすべての区分所有者あるいは一部の区分所有者の共有であり，その管理および利用は65年法に合致して決められる（同第4条）。

　区分所有者は集まって，法人格を有する管理組合（syndicat des

第 9 章　マンション管理の全体像を捉える 〜フランスの事例から〜

copropriétaires）を結成する（同第 14 条）。管理組合の審議・意思決定機関は，区分所有者の集会（assemblée générale des copropriétaires）であり，管理組合の唯一の法律上の意思表明手段かつ最高の意思決定機関である。少なくとも年 1 回の開催が義務付けられている（67 年デクレ第 7 条）。多数決要件は，代理出席を含む出席者の議決権の過半数（65 年法第 24 条），区分所有者の全議決権の過半数（同第 25 条），区分所有者の全議決権数の 2/3 以上（同第 26 条），全区分所有者の 4 段階となっている。規約（réglement de copropriété）は，区分所有者の権利義務，不動産のさまざまな部分の利用条件，共用部分と敷地の管理規則を定めており，その制定も管理組合にとって義務である（同第 8 条）。管理組合の代理人あるいは機関となるのが管理者（syndic）であり，その役割は管理組合理事会（conseil syndical）の下で管理組合の決定を執行することである（同第 17 条）。管理組合理事会は 1985 年以来，すべての管理組合で設けることとされ，その役割は，一方では管理者を支援するとともに，他方では管理者の業務を監督することである（同第 21 条）。

●管理の特徴

　フランスの区分所有の管理体制の特徴の一つは，これまでに多く指摘されているが管理者の地位が強いことである。すでに述べたとおり，管理組合の決定の執行は，必要があれば管理組合理事会の監督の下に置かれる管理者に委ねられている。そして管理者の存在は不可欠であり，管理者の選任のための区分所有者の集会によって選任されない場合，区分所有者，あるいは建物のある場所の市町村長等の申請を受理した大審裁判所長が任命する（65 年法第 17 条）。これらの条項に反する規約の規定は無効とされる（同第 43 条）。そして区分所有者の集会を招集するのは，管理組合の理事長ではなく管理者である（同第 18 条，67 年デクレ第 7 条）。

しかし，フランスの区分所有法は，管理者にこのように強い地位を与えるのと引き換えに，管理者からサーヴィスを受ける者の立場を消費者保護の観点から保護する規定を多く定めている。たとえば，管理者は，区分所有者の集会の招集権限を有するだけでなく，招集する義務を負う（67 年デクレ第 7 条，第 8 条）。すなわち，管理者は，少なくとも年 1 回は招集しなければならず，また管理組合理事会，管理組合理事長，あるいは総議決権の 1/4 以上の議決権を有する区分所有者の請求がある場合にも招集しなければならない。そして，招集の形式も詳細に定められている。招集状には，会場・日時・議決を要する各議題を明記した議事次第を記す，招集者が集会の場所と日時を決定する，招集状には管理経費を証明する書類の監査を実施した場所と日時を記す，招集は集会の遅くとも 21 日前までに送付される，集会は建物が立地する市町村内で開催される（以上，67 年デクレ第 9 条）等々である。さらに，これも前述のとおり，管理組合理事会も，管理者を支援しつつ監督するために必ず置かれる。

　1987 年に法務大臣と住宅政策担当大臣（当時は公共施設・住宅・地域開発・交通大臣）の下に設置された区分所有委員会という諮問機関が，区分所有法令の解釈について強制力はないものの勧告を発しており，その中には管理者が区分所有者に請求しうる経費や，管理者が管理組合から預かる金銭を管理する銀行口座の取扱いに関する勧告も含まれている。

●改正の動向〜管理と荒廃対策を中心に〜

　前に述べたとおり，1965 年・67 年に制定された区分所有法制の最初の大きな改正は 1985 年に行われた。これは，①区分所有者は管理費の内訳を証明する文書を見ることができることを明らかにしたこと（65 年法第 18-1 条），および区分所有者は工事で専有部分に立ち入ることを受

け入れなければならないこと（同第9条），②管理者の地位（同第18条，第18-2条）および管理組合理事会による監督体制などを定めた。

1994年の改正では，65年法第2章「区分所有の管理」に第2節「荒廃区分所有（copropriété en difficulté）のための特別措置」を新たに設けた。「荒廃区分所有」という術語が法文に現れた最初の例である。荒廃区分所有を巡る一連の法改正は，この後，現在まで続いているので，これは区分所有が直面する課題として後で論ずる。

さらに，本章を執筆している時点（2019年1月）でもっとも新しい改正は2018年11月に行われた。この改正では，区分所有の定義が変更された（65年法第1条）。

3 マンションが抱える課題とそれへの対処
～マンションの「荒廃」～

●「荒廃区分所有」という問題

フランスでは，住宅問題は高度成長の展開により，深刻な状況は脱したと考えられていた。新しい形での住宅の荒廃は，石油危機後の1970年代末に大規模社会賃貸住宅団地で現れた。不況や産業構造の転換により，入居者の生活が不安定になり，家賃の不払いが増え，団地内が物的にも社会的にも荒れた。1980年代のフランスでは左派・右派の大統領と政権がめまぐるしく交代したが，いずれにとっても都市政策・住宅政策の最大の関心事は大規模社会賃貸住宅団地の修復・再生だった。

マンションの荒廃が課題となるのは，1990年代半ばである。マンションは民間住宅であるため公共政策としての取組みの方針を定めるのに時間がかかったものの，社会賃貸住宅の修復が進むなかで荒廃している住宅の中にマンションの存在が目立つようになったからである。65年法に「荒廃区分所有」という術語が挿入されたのは1994年である。

ただし，65 年法は「荒廃区分所有」という術語を挿入した 1994 年から今までその語の定義を定めていない。定義を推測させる基準は次の二つである。

　一つは，住宅政策を所管する省や政府機関が 5 点にまとめている，荒廃の「兆候」である。「①建物の状態，外部空間，設備の劣化，②管理運営の困難，③財務上および法律上の困難，④占有している者が貧しくなっていること，および特殊な人々が集中していること，⑤住宅市場における価値の低下」である。

　二つめは，65 年法が定めている，荒廃区分所有に司法が介入する一つの「契機」である。すなわち，特別受任者と臨時支配人という者の任命を裁判所に申し立てることができる条件である。特別受任者とは，管理組合の財務および建物の状況を分析して，その立直しのための勧告・あっせん・交渉を任務とする者であり，「管理組合の会計において管理費や準備金等管理組合が請求しうる金額の 25％以上が未収金」となった場合に任命を申し立てることができる（同第 29-1A 条）。これが荒廃の第 1 段階，講学上では「荒廃の予兆」の基準と考える。臨時支配人とは，荒廃区分所有において正常な運営を回復させるために，区分所有者の集会，管理組合理事会，管理者の権限の全部または一部を委ねられて必要な手段をとる者であり，「管理組合の財務状況が大幅な赤字となった場合」，「管理組合が建物の維持をできなくなった場合」に任命を申し立てることができる（同第 29-1 条）。これが荒廃の第 2 段階である。

　この両者を検討すると，フランスでは土地建物の劣化はマンションの「荒廃」の一つの重要な要素ではあるものの，重視されているのは土地建物を管理する管理組合の財務・運営両面の機能不全，そして占有者のあり方など住宅市場における当該区分所有の地位にも注目していることが分かる。

第9章　マンション管理の全体像を捉える〜フランスの事例から〜

●荒廃への対処

　1994年に「荒廃区分所有」という術語を初めて65年法に挿入した法改正が設けた制度は，荒廃した区分所有の運営を正常に戻すための「臨時支配人」である。その後，多くの制度が制定され，2014年には次頁の表に示す体系が構築された。ここでは，区分所有の状態を「健全」「不安定」「荒廃」「破綻」「深刻な破綻」「修復不能」の6段階に分けて，区分所有が健全な場合には健全な管理運営の継続，健全さが失われつつある場合にはその回復，健全さがなくなった場合には区分所有の消滅を目指す。

(1) 管理組合登録制度

　まず，すべての段階のマンション（少なくとも一つの区画が住宅に充てられている区分所有建物）について，不動産登記とは別に，私法である区分所有法ではなく公法である建設・住居法典（Code de la Construction et de l'Habittion）の中に管理組合登録制度を設けている。これは，区分所有の状況について公権力の認識を容易にすることと，機能不全の予防施策を実施することを目的としている（同法典法第711-1条以下）。

(2) 健全な運営の継続あるいは健全な運営への回帰

　次に，「健全」から「荒廃」までの段階にある区分所有を対象に，運営が健全な場合にはその継続，あるいは健全な運営から逸脱しかかっている場合には健全な運営への回帰を，区分所有管理の当事者同士に促すための制度が設けられている。

(2)-1　購入者への情報提供改善

　まず，区分所有を購入する者へ管理者が提供する区分所有情報を改善させた。すなわち，管理者は，建物の権利関係，区分所有規約，建物分割状況書，過去3年分の区分所有者の集会の議事録，区分所有建物総合帳，区分所有および区分所有者の財務状況に関する書類，床面積証明書，

	健全	不安定	荒廃	破綻	深刻な破綻	修復不能
区分所有建物の健全さの保障手段あるいは区分所有建物の修復手段		登録				
		譲受人への情報提供改善				
		ガヴァナンス改善（区分所有者集会の透明性・議決規則・代理様式）				
		管理者の責任を明確化しその役割を再評価する手段				
		技術診断／長期修繕計画／工事積立金				
		管理組合の銀行口座の個別化				
		貧困ビジネス業者対策と彼らからの住戸回収手続				
			特別受任者制度			
			区分所有建物向け不動産修復事業制度			
			区分所有建物対応住居改善プログラム事業	保護プラン制度		
			共用設備および／あるいは住宅への警察権行使			
				破綻区分所有建物再生事業		
				臨時支配人制度		
				債務弁済制度		
					裁判所による区分所有権の分割	
					支配人＋事業者の介入	
						所有者欠如状態
管理責任	区分所有者集会と管理者			裁判所選任支配人	裁判所選任支配人＋事業者	行政による認可

（出典：MINISTERE DE L'EGALITE DES TERRITOIRES ET DU LOGEMENT.-Projet de loi ALUR Pour l'accès au logement et un urbanisme rénové Mesures relatives aux copropriétés et à lutte contre l'habitat indigne, 2014, p.3）

第 9 章　マンション管理の全体像を捉える　〜フランスの事例から〜

維持管理簿，見積予算上の現行管理費および見積予算外で売主が支払った管理費の金額，管理組合に対する譲渡区分所有者の負債金額，管理費不払いの全体などを区分所有購入者へ提供しなければならない（建設・住居法典法第 721-1 条，第 721-2 条）。

(2)-2　管理者の業務の透明性の向上

　管理者に対して区分所有建物管理の透明性を確保する義務も広範に課されるようになった。

　第 1 に，管理者と管理組合の間の金銭の授受の透明性の確保である。まず初めに，65 年法の 2014 年改正により，管理費をはじめとして管理組合から管理者が預かっているさまざまな金銭を管理組合ごとの個別口座を開設する義務が設けられた。従来，管理者は自らの銀行口座で多くの管理組合からの預かり金を一括して管理していたが，現在では管理者がこの義務に背くと管理組合との間の委任契約は無効とされる（65 年法第 18 条）。さらに，管理者が受け取る金銭の内容の明確化も進んでいる。同じく 65 年法の 2014 年改正で工事積立金制度が創設された。工事積立金は，区分所有建物のうちマンションにのみ適用され，法令で定められた工事あるいは当初予算に含まれずに区分所有者の集会で議決された工事にのみ用いられる。フランスでは，区分所有建物の管理費の予算はかかった金額のみを区分所有者が支払うことが原則であるが，工事積立金は各戸につき管理組合が確定して取得し，区画の譲渡の際にも管理組合は区分所有者に返済しない（65 年法第 14-2 条）とされている。さらに 2014 年改正は，管理者報酬の明確化も図り，管理者報酬は，原則として提供するサーヴィス全体に対する総額方式で決定され，コンセイユ・デタ（Conseil d'Etat：日本の内閣法制局に相当する機関）のデクレが定める特定のサーヴィスの提供に限り，特別で補完的な報酬が認められるとした（同第 18-1A 条）。

第2は，管理者の選任についても透明性の確保が進められている。まず最初の管理者の選任手続きで，ディベロッパーに対する区分所有者の力を高めようと試みた。ディベロッパーがマンションを販売するにあたり，2014年改正前の65年法は，最初の区分所有者の集会前に，ディベロッパーが用意した原始規約あるいは何らかの当事者間の合意によって管理者が任命されている場合，この任命は最初の集会で追認される必要がある，と定めていた。この点につき2014年改正は，管理組合理事会あるいは区分所有者が複数の管理者契約を互いに検討した後の区分所有者の集会での議決によってのみ決定されると改めて（65年法第17条），管理組合による管理者選定に競争原理を導入した。次に，管理者契約の更新，更改あるいは締結にあたっても管理組合理事会が複数の管理者契約案を互いに検討すると定めた（同法第21条）。もっとも，管理者契約の更新は，区分所有者の集会で実務上は毎年議決されることが多く，毎年複数の管理業者から契約案を取って集会で検討することは管理業者にとっても区分所有者にとっても煩雑なので，この条文は2015年に再度改正され，現在は3年ごとに複数の契約案を検討するとされている（同条）。

　第3に，管理者は区分所有の取得者の情報も明らかにするよう求められている。不動産売買の登記を当事者に代理して申請する公証人は，区分所有の売買契約手続きと並行して，買主の情報を管理者へ照会し，それに対して管理者は買主あるいはその関係者が当該区分所有建物の区分所有者ではないか，あるいは本人もしくは関係者の中に当該区分所有建物の区分所有者がいても管理者からの支払い請求から45日以上経っても未払いであることがないことを証明する。買主あるいはその関係者の中に管理者からの請求に未払いの区分所有者がいる場合は，公証人は売買契約が締結できないことを売却希望者と購入希望者の双方へ伝える

(65年法第20条)。これは，管理費を滞納している区分所有者が区分所有を買い増すことを防止する手段である。このような行為をする者は「眠りの商人」と呼ばれ，貧困ビジネスで住宅を過密居住の状態で賃貸する一方で管理費は支払わないので，マンション劣化の非常に大きな要因だからである。

⑵-3　工事実施のための集会決議の多数決要件の引下げ

　区分所有者の集会の議決のための多数決要件は，前述のとおり，その重要性に応じて四つの段階に分けられているが，工事を容易にするためにたびたび引き下げられてきた。65年法制定時には，共用部分の工事については三つの規定しか定められていなかった。すなわち，法令の規定により義務とされる工事の実施は全議決権数の過半数の賛成（第25条），「転換，付加あるいは改良を含むそれ以外の工事」の実施には全議決権数の2/3以上の賛成（第26条），他の定めのない工事の実施には集会出席者および代理出席者の議決権の過半数の賛成（第24条）で決定できるとされていた。

　区分所有者の集会で工事実施の議決に必要な多数決要件が初めて引き下げられたのは1986年である。この年の65年法改正で，「建物の断熱，換気，暖房システムおよび温水に関する省エネルギー工事で減価償却期間が10年未満のもの」，「上下水道管・ガス管，電気の配線，衛生・安全・設備の基準に住宅を適合させる工事の共用部分内への設置」などが，それまでの全議決権数の2/3以上の賛成から，全議決権数の過半数の賛成で実施できるように改正された（第25条）。1995年には，同じくそれまで全議決権数の2/3以上の賛成を必要としていた「集合アンテナあるいはケーブル網に接続する建物内のネットワークの設置あるいは修正工事」を，全議決権数の過半数の賛成で実施できるように改正された（第25条）。2003年には，それまで全議決権数の過半数の賛成を必要として

いた「ハンディキャップのある人々あるいは移動が制約されている人々のアクセスを向上させる工事」の実施が，「建物の構造あるいは主要な設備に影響を及ぼさない」という条件付きであるものの，集会出席者および代理出席者の議決権の過半数の賛成で決定できるとした（第24条）。

　2014年には，さらに大幅に改正された。まず，出席者および代理出席者の議決権の過半数で決定できる事項を増やした。この点を，フランスの代表的区分所有法研究者のひとりであるダニエル・トマザンは，区分所有者の集会の出席者および代理出席者の多数は，従来は保全工事の管理を決める多数と考えられていたが，2014年の改正により，この多数は保全工事だけでなく管理の措置の中心に据えられたと評価している。たとえば，「建物の保存に必要な工事，居住者の健康・身体の安全の確保に必要な工事，建物・壁・屋根・配管・配線に関する工事，衛生・安全・設備に関する基準に住宅を適合させる工事」の対象というきわめて広範な工事，あるいは「法令あるいは安全もしくは公衆衛生に関する行政命令により義務づけられた工事」は，2014年改正の前は全区分所有者の議決権の過半数を必要としていたが，出席者および代理出席者の議決権の過半数によって実施できるようになった（第24条）。さらに2014年改正では，それより前は全区分所有者の議決権の2/3以上の多数を必要としていた「改造，付加，改良を含む工事」を全区分所有者の議決権の過半数で足りるとした（第25条）。

　区分所有者の集会において工事実施の議決に必要な要件は，1980年代後半から90年代にかけては，省エネルギー，住宅設備更新，電気通信改革といったその時々の政府の政策を円滑に進めるためにきわめて限定した事項ごとに引き下げられてきたが，今世紀に入るとむしろ工事全般の実施を促すために大括りの事項で引き下げられている。

第 9 章　マンション管理の全体像を捉える ～フランスの事例から～

(2)-4　マンション荒廃の警告手続き

　マンション管理が不安定になると，管理組合に対して不安定さを警告する手続きが設けられている。それが前述の特別受任者である。特別受任者とは，区分所有者が管理組合に支払う管理費の不払いが累積する場合に，管理組合の財務および建物の状況を分析して，その立直しのための勧告・あっせん・交渉を任務とする者である。特別受任者の選任は，日本の地方裁判所に相当する大審裁判所が行う。具体的には，「管理組合の会計において管理費や準備金等管理組合が請求しうる金額の 25% 以上が未収金」となった場合に，大審裁判所に任命を申し立てることができる。申立てを行うことができる者は，原則として管理者，管理組合の会計年度終了後 1 ヶ月経っても管理者が申し立てない場合は 15% 以上の議決権を有する区分所有者，水光熱事業者あるいは工事業者で債務が 6 ヶ月以上不払いでありながら管理者へ請求しても履行されない者，県行政長官，大審裁判所検事正，市町村長等である（65 年法第 29-1A 条）。

(2)-5　マンション修復事業制度

　マンション管理が不安定段階から荒廃段階に入ってくると，公権力によって健全な運営への回帰を誘導あるいは命令する制度が設けられている。不動産修復事業，区分所有建物対応住居改善プログラム事業，危険建物あるいは不衛生住居への警察権の行使である。不動産修復事業は，建物あるいは建物群の居住条件の転換を図るために，正常化，近代化あるいは取壊し工事を実施する制度である（都市計画法典（Code de l'Urbanisme）法第 313-4 条）。区分所有建物対応住居改善プログラム事業とは，1 棟あるいは複数棟の区分所有建物に対してその障害を取り除いた後で工事を実施する。したがって，単なる建物の修復改善事業ではなく，区分所有の管理，居住者の社会的背景，工事の実施，居住者への広報などについて，区分所有者・管理組合・管理者などを通じて支援する

ことを含んでいる(建設・住居法典法第303-1条以下)。危険建物とは,「壁,建物あるいは何らかの建物が,崩壊の恐れがあってその崩壊によって安全を脅かし得るか,または一般的に公共の安全の維持に必要な堅固さを保障できない」(建設・住居法典法第511-1条)建物,不衛生住居とは,「居住者の健康に影響を与える住宅の劣化」(公衆衛生法典(Code de la Santé publique)法第1331-1条以下)である。これらの建物に対して公権力が介入して建物の正常化を誘導あるいは強制する。なお,ここでいう警察権とは,犯罪捜査や交通規制など警察法で定める権限ではなく,公共の安全と秩序を維持するために,一般統治権に基づいて権力的に人の行為の自然の自由を制限する作用のことを指す。

　いずれの制度も,地方公共団体あるいは国が基準を満たさないと認定すると,建物に対して場合によっては使用を停止して,所有者に基準を達成する工事を実施するよう求める。工事実施を求める手段はさまざまで,一方で工事を実施しない所有者には罰金を課して間接強制をしたり,他方では所有者に対して補助金を交付したり,所得税の優遇措置を適用して施工を促す。所有者が工事実施に応じない場合は,所有者に代わって行政が工事を代執行したり,当該区分所有を収用する。「危険建物」,「非衛生住居」では,次のような制度で所有者に対して基準適合工事の実施を促している。すなわち,認定された住宅が賃貸されている場合は,賃借人は家賃等賃貸人へ支払うべき金銭の支払いを,「危険建物」,「非衛生住居」でなくなるまで免除される。また,そのままの状態でも居住者が「住宅手当」を受給できる住宅とするものの,住宅が基準に適合するまでは支払いを停止する(公衆衛生法典法第1331-29条,建設・住居法典法第123-3条,第521-2条,第543-1条以下,社会保障法典(Code de la Sécurité sociale)法第542-2条)。

(2)-6　健全な運営への回帰の可否の判断

　管理組合の財政の悪化がより深刻になる場合，あるいは管理組合が建物を保全することができなくなった場合，すなわちマンションの劣化がより進んだ段階でマンションに介入するのが臨時支配人である。管理組合の再生手続きにおいて管財人に相当する者である。臨時支配人の選任は大審裁判所が行う。選任の申立てを行うことができるのは，管理組合理事会と協議した後の管理者，15％以上の議決権を有する区分所有者，県行政長官，大審裁判所検事正，市町村長等，特別受任者である。臨時支配人は，裁判所選任支配人（administrateur judiciaire），区分所有管理の経験のある個人または法人等，または当該建物を担当している特別受任者の中から選任される。逆に，当該区分所有の管理者，債権者，区分所有者などから選任してはならない。

　臨時管理人は，区分所有が正常な運営を回復するために必要な措置を取る。そのために，裁判所は，①管理者の職務を職権をもって無期限に停止してその権限を，②管理組合理事会の事前の意見を得たうえで，区分所有者の集会および管理組合理事会の権限の全部あるいは一部を臨時支配人に付与する。また裁判所は，公租公課を除く債務の停止，共用部分等への債務の支払いの中断，管理組合を債務者とする訴訟の中断等の財産保全を１年間命ずる。管理組合に対する債権者は，債権の申し出を求められる。

　臨時支配人は，債権者の意見を聞いたうえで，債務繰延べ計画を裁判所に提出し，認可を受ける。その中で，債務の状況，最長５年間の計画期間中の管理組合の財務見通し（建物の保全に必要な費用，場合によっては管理費削減に必要な費用，計画実施に必要な費用を含む），債権者ごとの返済工程を示す。管理組合が債務の弁済に充当できるような譲渡可能な財産，とりわけ更地を有している場合，臨時支配人は裁判官に対して

65年法の土地建物一体の原則の適用を除外して，この土地の譲渡を許可するよう求めることができる。この措置が取れない場合，臨時支配人は，支払不能な金額に相当する管理組合の債務の一部あるいは全部を取り消すよう求めることができる。また県行政長官に対して，区分所有建物の工事や区分所有権の移転・剥奪，居住者対策を施す保護プランの着手を提案することもできる（65年法第29-1条以下）。

(3) **破綻したマンションの処分**

荒廃したマンションを健全な管理へ回帰させる試みが失敗した場合，マンションを処分することになる。すでに紹介した，さまざまな制度によっても区分所有の解消やマンションの取壊しは可能ではあるものの，マンションの処分のための主な制度は次の三つである。

第1は，保護プランである。これは，マンションが法律上および技術上の複雑さのために保全が危うい場合に，その荒廃を解消させる制度である（建設・住居法典法第615-1条以下）。

県行政長官は，自らの発意のほか，市町村長，居住者団体，区分所有者団体，臨時支配人の求めによって専門委員会を設置する。この委員会が保護プラン案を作成し，県行政長官が承認する。

保護プランは，次の6つの項目を含む。①区分所有の財務の再建，②団地の組織および管理規則の明確化・簡素化，③公共の用に供する共用財産・共用設備の規則の明確化・簡素化，④建物の保存工事・管理費を低減させる工事，⑤社会的関係を回復するための居住者への広報・研修，⑥福祉対策である。

プランは，当該区分所有建物の管理者あるいは臨時支配人に送付される。管理者は，区分所有者の集会を招集してプランが提案している内容を議題とする。集会が開かれない場合，あるいはプランの内容が集会で否決された場合，市町村長等は臨時支配人を任命するよう大審裁判所に

第9章　マンション管理の全体像を捉える　〜フランスの事例から〜

申し立てることができる。県行政長官は，プランの実施を監督する監督員を任命する。監督員はプランで定められた事項を実施しない者に対して命令を発することができる。また，当該区分所有に臨時支配人がいる場合には，プランと臨時支配人の業務の結びつきも監督する。

　第2は，破綻区分所有再生事業である。この事業制度は，荒廃区分所有に対して国・地方自治体等が総合的に取り組む制度であり，確定した地域内で都市的・福祉的事業あるいは地方住居政策を行う（建設・住居法典法第741-1条以下）。さらに，次の事業と組み合わせることができる。①区分所有住戸の取得・工事・伝達，②居住者の転居・福祉プラン，③不適切住居是正措置の発動，④住居改善プログラム事業，⑤保護プランおよび臨時支配人の業務のうち強化事業，⑥都市計画事業。

　第3は，所有者欠如状態の宣言である。この制度は，集合住宅が財務上あるいは運営上で深刻に荒廃し，かつ実施しなければならない工事の規模が大きいため，所有者あるいは管理組合等が建物の保全あるいは居住者の安全と健康を確保できない場合に，所有権を移転する制度である（建設・住居法典法第615-6条以下）。所有者欠如状態を宣言するのは，大審裁判所である。裁判所へ申し立てることができるのは，市町村長等，県行政長官，管理者，臨時支配人，議決権の15％を超える区分所有者等である。

　裁判所は鑑定人を選任して，①区分所有の財務の赤字の大きさ，②区分所有者ごとの債務，③共用部分の性質・現状および人の安全・健康に影響を与える専有部分の荒廃，④居住者の健康・安全を保障するために施工すべき工事の大きさを確認させ，確認できた場合には所有者欠如状態を認定する。

　認定された集合住宅は市町村等が収用する。居住区分所有者は，区分所有権収用の補償金を受け取ることによって，転居先で住宅手当を申請

する権利を得られる。収用については，65年法の土地建物一体の原則に適用除外を設けて，区分所有建物の共用部分のみを収用することもできる。

●**維持すべきマンションの水準**

　前項で述べたとおり，フランスの区分所有法ではマンションの荒廃を，主に管理組合の財務上および運営上の機能不全に着目して捉えている。講学上，「荒廃の予兆」とは，「管理組合の会計において管理費や準備金等管理組合が請求しうる金額の25％以上が未収金」であることであり，「荒廃」とは，「管理組合の財務の悪化がより深刻になる場合，あるいは管理組合が建物を保全することができなくなった場合」とされている。それでは，未収金と負債がなく管理組合が正常に運営している際に達成すべき住宅の管理水準とは何かを検討する。

　フランスでは，法令によって定められたり，あるいは統計で用いるためにいくつかの住宅基準が設けられている。このうち，強制力をもって是正される概念の代表は前述の「危険建物」と「不衛生住居」である。「危険建物」の定義は，「壁，建物あるいは何らかの建物が，崩壊の恐れがあって，その崩壊によって安全を脅かし得るか，または一般的に公共の安全の維持に必要な堅固さを保障できない」建物である。「非衛生住居」の定義は，「居住者の健康に影響を与える住宅の劣化」であり，戸建て住宅および集合住宅の専有部分だけでなく共用部分にも適用している。

　具体的な基準としては，マンションの専有部分については，主たる部屋の自然採光，住宅計画（間取り，部屋の大きさ，遮音性能，断熱性能，床の状態），特定の危険（燃焼装置，鉛入り塗料のような毒物，アスベスト，人の墜落），部屋の湿気・通風，設備（上水道，排水，電気，ガス，暖房，台所，便所，風呂場あるいはシャワー室），利用および維持管理（日常の清

潔さ，占有形態，過密利用）である。

　共用部分については，専有部分の外側の要素（環境への影響あるいは害）および専有部分に対する要素（全体事情，住宅の直近の外部空間という観点，害の発生源），採光，建物の衛生・安全（構造，防水，断熱），特定の衛生面のリスクおよび安全面のリスク（鉛，アスベスト，電気，ガス，人・物の墜落，火災の延焼防止，アクセス，避難），共用設備（ごみおよび廃水の排出装置ならびに外部への接続），利用および維持管理（用途，有害な活動，清潔さ，保存行為，有害な動物（虫，ねずみ…））などが定められている。

　「危険建物」の起源は 15 世紀，「非衛生住居」の起源は 19 世紀と，どちらも歴史の長い制度であるが，現在は「不適切住居」という一つの術語の下にある（建設・住居法典法第 5 巻）。維持すべき住宅水準における 20 世紀末以降の特徴は，建設時点で水準を確保することから，水準を維持する住宅管理への関心が移っていることである。これまでの住宅危機の時代は，19 世紀半ばからの産業革命期，第 1 次大戦後の重化学工業化期，第 2 次大戦後の高度成長期と，いずれも住宅が不足している中で粗悪な住宅が用いられていたので，一定の水準に達した住宅の供給を促せば住宅危機が解消していった。ところが現在の住宅危機は，建設時点では基準を満たしていた住宅が，使われているうちに不充分な管理のために劣化してゆくことによって生じている。このため，マンションの区分所有者をはじめ住宅所有者に対してさまざまな働きかけが行われるように制度が構築されていることは前項で見たとおりである。

●居住者の住居費負担能力

　マンションをはじめとする住宅の維持管理は，今日のフランスの住宅政策の中で大きな比重を占めている。そこで次の課題は，住宅を一定の水準に管理するための経費を支払う意思と能力を所有者が有しているか

ということである。

　石油危機後の1970年代末以降に社会住宅が荒廃した時代には，一方では社会住宅の修復のために政府が社会住宅組織に対して支給する補助金を拡充するとともに，他方では社会住宅の入居者に支給する住宅手当の対象者を広げて，社会住宅組織の収入を増やすことで，住宅の管理水準を向上させた。マンションは民間住宅であるので，一般的にはその所有者は社会住宅の入居者に比べて所得階層が高いと思われる。しかし，民間住宅であるため購入手続きおよび賃貸住宅となる場合の入居手続きは良くも悪くも柔軟である。マンションの荒廃が進むと，区分所有者の中には安価でも自分の区分所有住宅を売却したいと考える者が現れる。

　このような区分所有住宅を購入するのは，一方では，通常の住宅市場では住宅を取得できない人々を相手とする貧困ビジネスとして賃貸住宅を営む「眠りの商人」で，彼らはそもそも管理費を支払う意思がない。他方では，区分所有の仕組みを必ずしも理解していない低所得の人たちで，彼らは住宅の購入費を支払うことはできても管理費を支払う能力が欠けているか，あるいは取得時点の管理費を支払うことはできても管理組合の運営が正常化され修復工事を終えた後に管理費が値上げされると支払い能力が不足することが多い。

　「眠りの商人」については，前述したとおり，65年法の2014年改正は彼らのマンション取得を阻止することを目的の一つに掲げて制度を改正した。

　管理費の支払い能力を欠く所有者あるいは修復工事後の家賃の支払い能力を欠く賃借人については，(2)-5で検討したマンション修復事業制度の中で，社会住宅への転居を促すプログラムが設けられている。ここでは，転居先の住宅と転居後の住居費が課題となるが，マンション問題に固有の仕組みではないので概観するに留める。

(1) 社会賃貸住宅への転居

　まず，マンションの修復工事に伴う転居先は，多くの場合に社会賃貸住宅が充てられる。フランスでは社会住宅の数が多く，主たる住宅の17％を占めている。主要な供給主体は，日本の公営住宅に近い公法人の住宅公社と非営利組織に近い私法人の住宅社会企業に分かれる。住宅の種類は，政府が社会住宅組織に支給する建設資金に応じて，家賃の額が3段階に分かれている。市町村は，自治体内の主たる住宅数のうち25％を社会賃貸住宅とする義務を有している（建設・住居法典法第302-5条）ため，社会賃貸住宅はかなり広範に立地している。さらに，社会賃貸住宅の総戸数のうち，県行政長官が30％の住宅の入居者を選定する権限を有し，25％はハンディキャップのある人や住宅困窮者など社会住宅に優先的に入居させるべき人に住宅を割り当てるために行使される（建設・住居法典令第441-5条）ので，マンション修復事業に限らず，都市計画事業の中で転居が必要な住宅困窮者は所有者であれ賃借人であれ社会住宅への転居を促される。

(2) 転居先住宅の住居費支払い能力

　転居後の住宅に必要な住居費については，居住者と住宅の条件に応じて住居費援助が支給される。現在，住居費援助には，住宅手当と応能住宅費補助の二つの制度が併用されているが，転居先が社会賃貸住宅と想定すると，支給されるのは原則として応能住宅費補助である。この補助の金額は，居住する住宅および賃借人の所得・家族構成等によって決定される（建設・住居法典法第351-2条以下）。

● 小　括

　以上の分析を踏まえて，フランスにおけるマンション管理から私たちが「壊さないマンションの未来」のために参照あるいは学ぶことのでき

る点を列挙したい。

　第1に，管理組合・区分所有者と管理者の関係が消費者保護の観点で構成されていることである。管理者は管理状況を管理組合のみならず区分所有者になろうとする者へも公開しなければならず，また管理組合による管理者選択へ競争原理が導入されている。

　第2に，区分所有法が保護する対象が個々の区分所有者から管理組合あるいは総体としての区分所有に重点が移っていることである。65年法の改正は，工事積立金にみられるように管理組合が個々の区分所有者に対して優越した地位を築く制度や，住戸が悪質な区分所有者に譲渡されるのを防止する制度を創設した。より大きな視点からみれば，区分所有法に内在する所有法的性格と団体法的性格のうち，団体法的性格を強めているということになる。それは，管理組合が工事実施を容易に議決できるように多数決要件を引き下げる方向で65年法が改正されている点にもよく表れている。

　第3に，区分所有法が団体法的性格を強めることの先には，管理組合がなすべきことが比較的明確である。区分所有法の外で，住宅として満たすべき基準が定められており，管理組合は少なくともこれを満たすことが求められている。そのために，管理組合は適切な管理者を選任してその業務の適切な実施を監督し，必要な工事の実施を決議することが求められている。日本では工事の実施に重点を置いてマンションの取壊しあるいは区分所有の解消の基準を議論するのに比べると，フランスでは住宅の質に重点を置いて住宅が維持すべき基準を満たす方法を議論している点に注目する必要がある。フランス法によれば，区分所有法制の中で団体法的性格が強まっても，区分所有権はその内容がこの基準を満たすという点で保障されている。

　第4に，住宅基準を満たすべき管理を実行できない管理組合に対して

第9章　マンション管理の全体像を捉える　～フランスの事例から～

は，管理を実行するよう誘導あるいは強制の手段が取られるが，管理ができないと判断された管理組合に対しては区分所有を解消させる。日本では，区分所有建物の取壊し＝建替えあるいは区分所有の解消を区分所有者の集会決議によって決定すると定めているが，これは管理組合が充分に機能していることを前提としている。フランスでは，管理組合を機能させる手段を数多く定め，解消させる区分所有は管理組合が機能しない区分所有である。日本では管理組合が機能していないマンションに適用可能な法律は，2015年に制定された空き家対策特別措置法であるが，この法律を運用すると取壊し以外の結果を想定しづらく，制度の進化が求められている。

　第5に，修復工事の実施費用および工事実施後に値上げされる管理費の支払い能力のない居住者への対策が取られている。日本では災害復興公営住宅を除くと公営住宅数が減少しているだけでなく，その政策上の活用が乏しく，また家賃補助も生活保護費算定にあたっての住宅扶助しかない。日本では震災をはじめとして自然災害が多いため，マンション管理を物理的視点から検討することに意義はあるとしても，社会・経済上の課題を見過ごしては円滑な管理は望めないことも忘れてはならない。

　第6に，マンション管理，とりわけ管理が不安定になった段階以降に関与する当事者が多様である。区分所有者，管理組合，管理組合理事会，管理者，さらに公証人，行政ではマンションが立地する市町村と国，それに裁判所，裁判所選任受任者という司法分野の関与もある。これに対して日本では，営利会社の経営や個人の家計の困難については会社更生法，民事再生法，破産法等により裁判所の介入があるが，管理組合の財務の困難については固有の制度がない。マンション管理のさまざまな段階における政策介入を行うためには，関与当事者の多様化も求められている。

本章では，フランスのマンション管理，とりわけ管理が不安定になった後の管理の健全化を目指すしくみについて概観した。冒頭にも述べたとおり，このしくみには理論上も実務上も興味深い論点が豊かに含まれており，これから多くの議論が引き起こされることを期待したい。

＜謝辞＞　　本章は，2015-17 年度科学研究費基盤研究（C）「東アジア４カ国のマンション法制の比較と課題―欧米法との比較も踏まえて」（課題番号：15K03227，研究代表者：鎌野邦樹・早稲田大学大学院教授），2016 年度一般財団法人住総研研究助成「フランスにおける新たな『不適切住宅』の実態と対策の研究」（研究代表者：寺尾），平成 29 年度一般財団法人司法協会研究助成「フランスにおける荒廃区分所有建物管理組合の再生過程への司法の関与に関する研究」（研究代表者：寺尾）の成果の一部である。助成をしてくださった団体に感謝の意を表します。

第10章 なぜ,「壊さないマンションの未来」が大切なのか

住総研「マンションの持続可能性を問う」研究委員会
委員長 田 村 誠 邦

　本書のまとめにあたって,なぜ「壊さないマンションの未来」を考えることが大切なのか,少し私の個人的な経験や思いを含めて書いてみたい。

1 マンション建替えの黎明期において

●同潤会江戸川アパートメント建替え事業
～建替え決議を用いて建て替えたわが国初の団地建替え事業～

　私が独立して自分の事務所を立ち上げた1997年の年末に,建築家の故橋本文隆氏から,「同潤会江戸川アパートメントの建替えについて,協力してもらえないだろうか」という話があった。当時,江戸川アパートでは,社交室等の共用部分を含めた一号館の一部の保存を前提として隣地を含めた自主建替えの計画を検討していた。しかし,組合内に一定の反対者がいて全員合意は困難なので,区分所有法第62条の建替え決議での建替えを模索したいので,その手伝いをしてほしいとの依頼内容であった。当時の私は,区分所有法の条文もろくに読んだこともなく,まして建替え関係の条文などはその存在くらいしか知らないという素人同然の状態であったが,江戸川アパートの理事会の方々と議論を積み重ねながら,区分所有法についても徐々に学んでいった。

〈建替え前の同潤会江戸川アパートメント〉　〈建替え後の再建マンション(アトラス江戸川アパートメント)〉

（故橋本文隆氏提供）　　　　　　　　　（旭化成(株)提供）

図1　同潤会江戸川アパートメント建替え事業

　江戸川アパートでは，一時は，建替え後の建物を組合員の共有にして管理組合法人に信託する形態での建替えを模索していた。しかし，組合での借入れは理事全員の連帯債務となることがわかり，さらに，建替え決議においては区分所有法第62条第2項に「再建建物の区分所有権の帰属に関する事項」を定めなければならないとあり，建替え決議を利用しての建替えには区分所有の建物に建て替える必要があることがわかり，共有での建替えを断念せざるを得なかった。また，一号館の一部の保存を前提とした隣地を含む建替えについても，当時の区分所有法第62条第1項に，「建物を取り壊し，かつ，建物の敷地に新たに主たる使用目的を同一とする建物を建築する旨の決議（以下，「建替え決議」という。）をすることができる。」（下線・筆者）とあり，建物の一部保存や隣地を含めての建替えでは，建替え決議を利用できないことがわかった。その後，市街地再開発事業の導入も模索したが，整備すべき公共施設がないことなどから，これも断念せざるを得なかった。結局，一号館の一部保存と隣地を合わせた自主建替えから，同一敷地内でのディベロッパ

ーを入れた等価交換方式での建替えへと方針を転換し，2001年2月に事業協力者として旭化成を選定，2002年3月に建替え決議を成立させ，2003年7月に既存建物の解体を開始し，2005年6月に再建マンションを完成・引渡しをすることができた。私にとっては，売渡し請求時の時価についての意見書が裁判の過程で認められるなど，きわめて有意義な経験をすることができたが，歴史的価値を持つ江戸川アパートの一部保存を断念せざるを得なかったのは心残りなことであった。

なお，この江戸川アパートの建替え事業（図1）は，建替え決議を用いたマンション建替え事業としては，次に述べる麻布パインクレストの事例に次ぐ全国で2番目，建替え決議を用いた団地型マンションの建替え事業としては，わが国初の事例である。

●麻布パインクレスト建替え事業
〜建替え決議を用いて建て替えたわが国初のマンション建替え事業〜

上述の江戸川アパートの建替えに，やや遅れながらも同時並行的に進んだのが麻布パインクレストの建替え事業である。この建替え事業に私がかかわるようになったのは，2001年4月頃のことで，都市計画分野で高名な伊藤滋先生から，田村は江戸川アパートの建替え事業にかかわっているようだから，この建替え事業も手伝ってみないかと言われたときからだった。

麻布パインクレストは1972年に東京都港区六本木に建設された戸数47戸の，それほど築年数が経っていないマンションであったが，長らく管理組合も存在せず，大規模修繕も行ったことがなく，経年以上に劣化が進行した状態で，さらに1階がピロティという建物だった。

1990年頃から隣接する街区の市街地再開発事業の動きが顕在化し，1991年に再開発地区計画による容積率アップを利用した建替えに関す

〈建替え前の麻布パインクレスト〉

〈建替え後の再建マンション（麻布市兵衛町ホームズ）〉

((株)大林組提供)

図2　麻布パインクレスト建替え事業

る説明会が港区により開催されたことから建替えの機運が起きた。その後，1995年の阪神・淡路大震災を契機に耐震性についての不安が顕在化し，隣接する市街地再開発事業のディベロッパーを事業協力者とする等価交換方式での建替え計画が具体化した。1998年には最初の建替え決議を行ったが，マンション市況の悪化もあってディベロッパーが撤退し，建替え事業は頓挫した。その後，2000年7月に組合は伊藤滋先生をコンサルタントに指名し，同年12月には，従前と同じ内容での2回目の建替え決議を議決した。私が参画した2001年春よりコンサルタントチームの体制を整え，建替え決議の非賛成者に対する説得や訴訟を本格化させ，同年秋には非賛成者と和解するとともに，保留床19戸中15戸を森ビルに購入してもらうことが決まった。その後，2002年3月には施工者として大林組を選定し，その関連会社である大林不動産に形式上の等価交換方式でのディベロッパーを依頼し，事業の枠組みを確定さ

せた。同年12月に着工，2004年10月に竣工・引渡しをすることができた。

　この建替え事業では，区分所有者の建替えに向けての合意形成のほか，建替え決議の非賛成者に対する売渡し請求の訴訟のほか，低層部の店舗テナントに対する明渡し訴訟，区分所有住戸に対する抵当権者である金融機関との交渉など，建替え事業に係る諸業務の大半をコンサルタントチームで実施し，私自身もマンション建替え事業全般にかかわるまたとない経験を積むことができた。

　なお，この麻布パインクレスト建替え事業（図2）は，建替え決議による老朽化マンション建替えの全国初の事例である。

●求道学舎再生事業
～築80年の学生寮を，わが国最古のRC造集合住宅として再生した事業～

　大学の研究室の先輩である建築家の近角真一さん，よう子さんご夫妻から，東京都文京区本郷にある武田五一設計の築80年近い寄宿舎「求道学舎」の再生のご相談があったのは2004年2月のことであった。当時は，麻布パインクレスト，江戸川アパートと，期せずして，建替え決議を用いたマンション建替え事業の黎明期にかかわることになり，私の事務所としてもマンション建替え事業のコンサルタント業務に本格的に取り組もうとしていた時期であったが，この求道学舎の再生の話は，一も二もなくお引き受けすることにした。それは，江戸川アパートの建替えで，当初計画した一号館の一部保存をできずに建て替えざるを得なかったという慚愧たる思いをどこかで晴らしたいという気持ちがあり，同潤会アパートと同時代に建てられた求道学舎の再生は，またとない機会であったからだ。

　求道学舎は，明治時代の浄土真宗の僧侶近角常観が1926年に武田五

〈再生前の求道学舎〉　　　　　〈再生後の求道学舎〉

(近角真一氏提供)
図3　求道学舎再生事業

一の設計により建てた学生用のRC造3階建ての寄宿舎である。同じ敷地内には，1994年に都の有形文化財の指定を受け，2002年に修復工事が完成した武田五一設計の求道会館があったが，この求道会館の維持費の捻出が課題となっていた。常観の孫にあたる近角さんご夫妻は，求道会館の維持費捻出のために，隣接する求道学舎について全面建替え等を含めた土地活用の様々な検討を行っていたが，満足のいく事業案は見つからなかった。2004年5月頃から，事業コーディネイターとして私の事務所が加わり，定期借地権＋コーポラティブ方式で建物の保存再生を図るという基本方針のもとに，同年9月から入居者の募集を開始し，2005年2月に建設組合を結成，同年6月に改修工事に着手した。

　求道学舎再生事業は，定期借地権とコーポラティブ方式を用いて，築80年近い建物を入居する借地権者の資金負担で耐震改修を含めて再生するという，まったく前例のないプロジェクトであった。そのため，とくに入居者募集と住宅ローンによる資金調達，建築基準法上の取扱い，限られた予算内での再生工事などについて，これまで経験したことがないほどの困難を乗り越える必要があった。しかし，前例のないプロジェ

クトに参加を決意していただいた入居者をはじめとする多くの関係者の熱意と努力，そして，いくつかの幸運のもとに，2006年3月に無事完成・引渡しをすることができた。その結果，求道学舎は，居住者の存在するわが国最古のRC造集合住宅として，保存・再生に成功することができたのである（図3）。

　この求道学舎の再生の経験は，それまで，建替えばかりに関心が向いていた私に，建物の保存・再生という領域を明確に意識させることとなった。もちろん，それ以前にも，2001年頃から東大の松村秀一氏を中心にした建物のコンバージョンに関する研究会に参加するなど，建物の保存・再生分野について，研究上の関心は持っていたが，求道学舎再生事業を通して実務として深くかかわることにより，建物の保存・再生を事業として実現することについて，その難しさとともにその可能性を強く感じることができたのである。

2 マンション建替え事業でのマンション再生の限界

●建築工事費の高騰で頓挫するマンション建替え事業

　このように，建物の保存・再生事業について関心を広げる一方で，その後も実務としては，マンション建替え事業のコンサルティングを続けていた。しかし，2007年頃から，それまで順調に進んでいたマンション建替え事業が頓挫する事例が相次ぐようになってきた。たとえば，ある団地では，事業コンペで選ばれたディベロッパー数社のJVで建替え事業を進めていたのだが，リーマンショック前の資材価格の高騰等を背景とする建築工事費の値上がりによって，区分所有者に約束していた条件を守ることが困難になり，JVの幹事会社が事業の継続を断念し，建替え事業が頓挫することとなった。

図 4　全国 RC 造建物の着工面積指数と建築工事費（工事費予定額）指数の推移
(注)　2000 年を 100 とする。
(出典：国土交通省「建築着工統計」より作成)

　このほかにも，管理組合内の建替えに向けての合意が得られないために建替え計画を断念，もしくは停滞した事例がいくつかあったが，その背景には，建築費の高騰による建替え事業の採算性の悪化があったものと考えられる。

　ところで，近年の建築費の高騰には二つの時期がある。一つは，ミニバブルといわれたリーマンショック前の 2008 年頃をピークとする世界的な資材価格の高騰による建築費の高騰期。もう一つは，2013 年以降の東京オリンピックを控えての建設需要の高まりと労働者不足による建築費の継続的な上昇期である。しかし実は，全国的にみると，昨今の建築費の上昇は，建設需要の高まりによるものとはいえないのではないだろうか？

　図 4 は，建築着工統計に基づく 1985 年以降の全国の RC 造建物の着

工面積と建築工事費（工事費予定額）の指数（いずれも2000年を100とする）を表したものであるが，これをみると，2003年くらいまでは，着工面積指数の変動に1〜2年遅れて建築工事費指数が追随して変動したことが読み取れる。つまり，経済学の原則に従い，需要が増えると価格が上がったわけである。ところが，2003年以降は，この着工面積指数と建築工事費指数の関係は崩れ，むしろ相反する動きを見せている。特に2013年以降は，着工面積指数の減少にもかかわらず建築工事費指数は上昇しており，建築工事費上昇の原因は，巷でいわれているような東京オリンピックに向けての工事量の増大ではないことがわかる。その本当の原因は，建設労働者の継続的な減少や休日等の増加を背景とした建築現場の労働生産性の低下によるのではないだろうか。なお，ここでいう労働生産性とは，一人当たり時間当たりの付加価値額ではなく，一人当たり時間当たりの施工面積で測った労働生産性である。

だとすると，東京オリンピックが終わっても，建設労働者の継続的な減少と高齢化，さらには働き方改革を背景とした労働時間の減少等により，建築現場の労働生産性は今後も低下傾向をたどる可能性が高く，建築工事費も継続的に上昇していく可能性が高いのではないだろうか？

こうした建築工事費の継続的な上昇に加え，世帯数のピークも間近に控えて新築マンション需要も徐々に低下していくことが避けられないことから，今後のマンション建替え事業を取り巻く経済環境は一段と厳しくなることが予想されるのである。

●建築工事費単価の上昇は平均還元率を押し下げ，建替え事業の合意形成を困難にする

実際に，建築工事費の上昇が建替え事業にどのような影響を与えるかということを，建替え事業の採算性から検証してみよう。

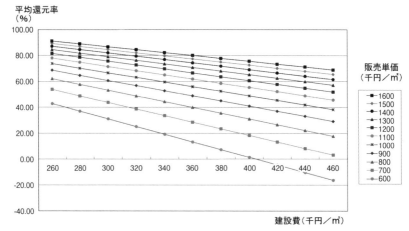

図5 市街地単棟型マンションの建替え事業における平均販売単価，建設費，平均還元率の関係

（注） 建替えにより，専有面積が1.2倍となり，ディベロッパーの粗利率を25%と仮定。

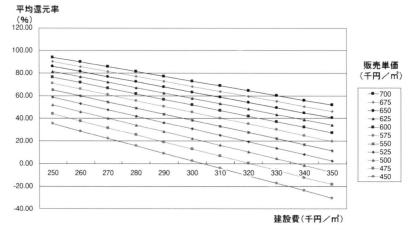

図6 郊外団地型マンションの建替え事業における平均販売単価，建設費，平均還元率の関係

（注） 建替えにより，専有面積が2倍となり，ディベロッパーの粗利率を25%と仮定。

第10章 なぜ、「壊さないマンションの未来」が大切なのか

図5、図6は、それぞれ、市街地単棟型マンションと郊外団地型マンションの建替え事業において、建替え後のマンションの平均販売単価、建替えに要する建設費単価と、建替え事業の平均還元率の関係をグラフ化したものである。

ここで、建設費単価とは、建築工事費のほかに、既存建物の解体費、再建マンションの設計料、建替え事業のコンサルタント費用、これらに係る消費税等を含んだ、建替え事業に要する費用総額の単価である。

また、平均還元率というのは、建替え事業により、区分所有者が負担なく取得できる専有面積の建替え前の専有面積に対する比率の平均値で、建替え事業の合意形成の目安となる指標といわれている。以前は、平均還元率が100％以上あること、すなわち負担なく建替え前以上の専有面積を確保できることが、マンション建替え事業の成立条件といわれていたが、最近では、平均還元率が100％以上の事例はほとんどなく、平均還元率70％〜80％程度が、マンション建替え事業の合意形成の一つの目安といわれている。

たとえば、建替え前の専有床面積が平均50㎡、平均還元率が70％の建替え事業の場合、建替え後に従前と同面積の専有床を確保するには、50㎡×70％＝35㎡は負担なく取得できるので、残りの50㎡−35㎡＝15㎡の専有床を購入する必要がある。建替え後の市場での平均分譲単価が80万円/㎡の場合、従前権利者はその9割で購入できるとすると、従前権利者が建替え後に従前と同面積の専有床を確保するには、15㎡×80万円/㎡×90％＝1,080万円の負担が必要となる。

なお、図5、図6の作成に当たっては、建替え事業により、専有面積が市街地単棟型マンションでは1.2倍（2割増）に、郊外団地型マンションでは2.0倍に増え、ディベロッパーの粗利率はともに25％であると仮定している。

このグラフに，現在のマンションの建設費単価を当てはめてみよう。2017年の建築着工統計に基づくRC造専用住宅の消費税抜きの建築工事費単価が，全国平均値で242.9千円/㎡，東京都で321.4千円/㎡であることから，現状の建設費単価は，全国平均で280千円/㎡〜300千円/㎡程度，東京都で370千円/㎡〜400千円/㎡程度と推測される。

　たとえば，**図5**の市街地単棟型マンションで東京都の場合，建設費単価を400千円/㎡と仮定すると，建替え後のマンションの販売単価が1,400千円/㎡（463万円/坪）で，ようやく平均還元率が69.2％となり，合意形成の射程圏になることがわかる。つまり，現況の建設費単価を前提にすると，専有面積が2割増える程度の建替え事業では，マンション販売単価のきわめて高い東京都心のごく一部の地域以外では，マンション建替え事業の合意形成は困難だということがわかる。

　次に，**図6**の郊外団地型マンションで，建設費単価を300千円/㎡と仮定すると，建替え後のマンションの販売単価が675千円/㎡（223万円/坪）であっても，平均還元率は68.3％と，合意形成のぎりぎりのラインであることがわかる。現況の郊外部の新築マンションの販売単価は，ターミナル駅前のタワーマンション以外では600千円/㎡を超えることは困難といわれており，専有面積が2倍になる郊外団地型であっても，マンション建替え事業の合意形成はきわめて困難なものと推測されるのである。

●高経年マンションの再生政策は，建替え以外の手段を中心に考えるべき

　このように，現況の建築工事費単価とマンション販売単価を前提にすると，マンション建替えの合意形成が可能な範囲は，ごく一部の都心立地などに限られる。そして今後も，建築工事費単価の継続的な上昇と，

第10章 なぜ、「壊さないマンションの未来」が大切なのか

新築マンション需要の減少が予測される中では、高経年マンションの再生手段として、マンション建替えを中心に考えていくことは困難ではないかと考えられるのである。もちろん、マンションも、いずれは物理的に壊さざるを得ない状況になることは必然であり、マンション建替えの可能性を広げる政策は今後も必要と考えられる。また、建替えの合意形成の可能なマンションが建替え事業を選択することは、もちろん合理的なことである。

しかし、急増する高経年マンションの再生手段としては、マンション建替え以外の方法、すなわち、「壊さないマンションの未来」を考えることが多くの高経年マンションにとって現実的であり、かつ、いま必要なことではないだろうか。これが、マンション建替え事業のコンサルティング業務に携わってきた私のいまの偽らざる気持ちであり、本書のテーマの所以である。

3 高経年マンションの再生のために必要なこと

それでは、高経年マンションの再生、すなわち、「壊さないマンションの未来」を実現するためには、何が必要なのだろうか？

本書は、このテーマについて、各界の有識者の方々に執筆していただいたものであるが、ここでは私なりに、以下の5つの提言を行って本書のまとめとしたい。

●提言1──マンション管理組合が長期的・経営的視点を持つこと

高経年マンションでは、建物の老朽化に伴うハードの課題だけでなく、区分所有者や居住者の高齢化に伴う様々な課題、たとえば、空室の増加、賃貸化、組合役員のなり手不足、区分所有者の無関心、管理費・修繕積

立金の滞納，資金不足による不全箇所の放置，組合役員の不正行為，管理の形骸化,管理不全による資産価値の低下などの諸課題を抱えている。

　国はこれらの課題に対し，2016年にマンション標準管理規約を改正し，役員の選任について，「組合員以外の者から理事又は監事を選任する場合の選任方法については細則で定める。」と，必要に応じて組合員以外の専門家等が管理組合の役員や管理者となる，いわゆる第三者管理方式の道を開いた。確かに，投資型ワンルームマンションやリゾートマンションなど，組合員の大半が常時居住しないタイプのマンションなどでは，こうした第三者管理の方法が適している場合も多いものと思われる。

　しかし，区分所有者の居住を前提とする一般のマンションでは，この第三者管理方式が正常に機能し，高経年マンションの課題に応えられるかどうか，かなり疑問も残る。特に，実際の第三者管理方式では，マンションの管理業務を請け負う管理会社やその関係者が管理者となるケースが多いと考えられ，その場合には，マンション管理業務や大規模修繕工事等の発注についての利益相反が懸念される。また，高経年マンションの諸課題の根底には，高齢化に伴って生じる区分所有者の資金負担力の低下という課題があり，相応のコスト負担を必要とする第三者管理で解決できるマンションは，ごく恵まれたマンションに限られるのではないだろうか？

　こうしたことから，高経年マンションの様々な課題に対応するためには，マンション管理組合自体が，従来の「建物およびその敷地等のハードの管理」の枠を超えて，長期的・経営的視点をもって，マンションの管理運営にあたることが不可欠ではないかと考えられる。仮に，管理会社に管理業務を全面委託したり，第三者管理方式を取り入れて専門家等を役員に招致したりするにしても，あくまで組合員が主体的にマンショ

ンの未来を考え，長期的・経営的視点をもって自ら意思決定する姿勢は不可欠であろう。

　住総研の「『マンション』の持続可能性を問う」研究委員会で2017年4月に視察に訪れた京都市右京区の西京極大門ハイツの管理組合法人の取組みは，まさに，この長期的・経営的視点に基づくものであり，今後の高経年マンションの管理組合の一つの在り方を示唆するものであった。具体的には，次のような点が特徴的かつ示唆的であった。

　㈦　将来を見据えた環境整備積立金

　　将来の別敷地での建替えに備えての隣接地の買収と，そのための特別会計としての環境整備積立金の仕組みを用意している。

　㈵　将来のグループホーム構想とリバースモゲージ

　　環境整備積立金で取得した隣接地に，単身高齢者等の組合員の入居のためのグループホームを誘致し，その入居一時金を組合員の住戸を担保にリバースモゲージで管理組合法人が組合員に融資する構想を持っている。

　㈻　耐震補強と建替えとの比較判断

　　耐震改修の費用や耐震改修後の耐久性等の観点から，別敷地での建替えを一戸当たり2,000万円で仮住まいなく実施する構想の下に，環境整備積立金を活用しての隣接地買収を計画的に実施している。このため，耐震補強についての検討は行っていない。

　㈸　災害に備えての計画

　　震災等の避難時の行動などをまとめたパンフレットの作成・配布，年1回の防災訓練，年4回の煮炊きイベント，居住者名簿の作成，被災時の災害対策本部の設置と非常食等の助け合いルール，地下水槽での非常時の飲料水の確保，防災倉庫での備蓄と非常時の水洗トイレの整備など，用意周到な災害時対応計画が用意されている。

(オ) 住戸の中古流通と財産価値の確保

　190戸の全住戸の図面や面積，管理費や修繕積立金の滞納の有無，修繕履歴や事故履歴，専有部分の床下配管などが記載されたデータベースを用意し，各住戸の価格査定や売却希望住戸のための販売用パンフレットを管理組合法人が提供し，各住戸の中古流通の支援，財産価値の保全を図っている。

(カ) 組合員・居住者のための共用施設の自主整備

　環境整備積立金で購入した既存建物を，組合の集会室，子ども絵本文庫，ゲストハウス，麻雀室，日曜喫茶などに改装し利用しているほか，外断熱工事，屋上の太陽光パネルの設置，住戸の電気容量のアップ工事，給水管の取替え工事，エントランスのバリアフリー工事，テレビドアホンの設置，高置水槽の撤廃，エレベータ更新，防犯カメラの設置，地下埋設ガス管の改修，自動車ゲート，光ファイバー回線の新設など，組合員や居住者の住環境を改善するための工事を管理組合法人が積極的に行っている。

　なお，工事の発注はすべて管理組合が工事業者の負担にならないように曖昧さを排除した仕様書を作成し，業界紙への告知による完全競争入札を実施して工事費の無駄を省き，標準的な修繕積立金の範囲で，上記の様々な工事を実現している。

(キ) 自主管理と組合員の管理人としての雇用

　現在7名の管理人を組合員から直接雇用し，完全な自主管理を行っており，管理組合法人として組合員に職住近接の雇用の場を提供するとともに，管理経費の無理のない削減を実現している。

(ク) もめ事を起こさない管理組合の運営の仕組み

　評議会による管理組合役員の推薦と理事会へのチェック機能，理事や評議員以外に，町会の参与，防災委員会，コミュニティ委員会，

第10章　なぜ,「壊さないマンションの未来」が大切なのか

日曜喫茶の世話係など,組合員の約半数の組合活動への参加,余剰が出れば各組合員に返還する管理費のルール,組合員から直接徴収しない環境整備積立金（駐車場料金のほか,太陽光の売電代金,管理組合所有の店舗の賃料を原資とする）の仕組み,長期修繕計画策定時に各住戸の将来の積立金額を定めるなど,徹底した「もめない仕組みづくり」を行っている。

このように,西京極大門ハイツの事例は,管理組合が単なる「建物並びにその敷地および附属施設の管理を行うための団体」という枠を超えて,長期的・経営的視点の下に,組合員全体を巻き込む形で自らの住環境の改善,将来に向けての計画の実現に着実に取り組むことにより,高経年マンションの抱える課題の多くを解決し得ることを教えてくれる。

西京極大門ハイツの取組みは,実は当たり前のことを手間暇かけて,たゆまず続けていくことによって実現しているものと考えられる。管理会社任せで,労をいとい,何か問題があれば管理会社に文句を言うだけの受け身のマンション管理組合では,こうしたことは実現しない。まさに,管理組合にも,長期的・経営的視点が求められているのである[注1]。

●提言２──壊さないマンションの未来に向けたマンション政策・法制度の転換

マンション管理組合が長期的・経営的視点の下に,組合員全体を巻き込む形で自らの住環境の改善,将来に向けての計画の実現に着実に取り組むためには,国のマンション政策や法制度も,そうした壊さないマンションの未来の実現に向けて転換していく必要があるのではないだろうか。

まず１点目は,管理組合の役割を,より柔軟に幅広く捉えることの社会的認知とその根拠となる法解釈の転換もしくは法制度の改正である。

区分所有法第3条には，「区分所有者は，全員で，建物並びにその敷地及び附属施設の管理を行うための団体を構成し，この法律の定めるところにより，集会を開き，規約を定め，及び管理者を置くことができる。」とある。この「建物並びにその敷地及び附属施設の管理を行うための団体」というのが「管理組合」であり，したがって，管理組合の目的は，一義的には「建物並びにその敷地及び附属施設の管理を行うこと」にある。

　また，平成29年8月に発表された「マンション標準管理規約（単棟型）および同コメントの改正点」では，管理組合について，次のように述べている。

　「管理組合は，「建物並びにその敷地及び附属施設の管理を行うための団体」（区分所有法第3条）であって，マンションの管理をより円滑に実施し，もって区分所有者の共同の利益の増進と良好な住環境の確保を図るため構成するものであり，区分所有者全員が加入するものである。（中略）管理組合は，区分所有者全員の強制加入の団体であって，脱退の自由がないことに伴い，任意加入の団体と異なり，区分所有者は全て管理組合の意思決定に服する義務を負うこととなることから，管理組合の業務は，区分所有法第3条の目的の範囲内に限定される。ただし，建物等の物理的な管理自体ではなくても，それに附随し又は附帯する事項は管理組合の目的の範囲内である。」

　すなわち，管理組合として成し得る業務の範囲は，「建物並びにその敷地及び附属施設の管理」と，「それに付随し又は附帯する事項」に限られるというのが，一般的な法的解釈といえよう。

　しかしながら，高経年マンションでは，建物の老朽化に加え，区分所有者や居住者の高齢化，単身高齢者の増加など家族構成の変化，区分所有者それぞれの置かれた状況の多様化などにより実に様々な問題が顕在

化している。

　たとえば，管理組合の役員の成り手不足などによる管理組合の機能不全，修繕積立金や管理費の滞納，維持修繕コストや管理コストの増加，大規模修繕に伴う修繕積立金の値上げや一時金の徴収の困難さ，高齢者の増加等による災害時の避難上の問題，老朽化に伴う資産価値（市場取引価格）の下落，高齢者の増加に伴う介護・医療サービスや日常の買い物等の生活サポートの必要性，外部居住者の増加に伴う賃貸化や管理組合への無関心化の進行，建替えか大規模修繕かの意思決定の困難化などの問題である。

　これらの問題には，従来の法解釈上の役割の範囲内では，管理組合として対応できることは限られている。また，国が想定している第三者管理での対応にも限界があることは既に述べた通りである。

　前述の西京極大門ハイツの事例は，まさにこうした高経年マンションの諸問題に管理組合が真正面から取り組んで成果を出している事例である。ただし，現在の法解釈からすると，西京極大門ハイツの管理組合法人の取組みは，管理組合の役割を逸脱しているとされる可能性が高いであろう。しかしながら，法の目的が，「区分所有者の共同の利益の増進と良好な住環境の確保を図るため」であるとすれば，西京極大門ハイツの管理組合法人の取組みの多くは是認すべきものではないだろうか。

　具体的には，「区分所有者の共同の利益の増進と良好な住環境の確保を図ること」を目的とした，不動産（管理対象の住戸および隣接地等）の取得や貸付け，住戸を担保とする組合員に対する資金の貸付け，共用施設の整備，組合員等への有償サービスの提供，組合員等の雇用などは，管理組合として成し得る業務範囲として法的にも認めていいのではないだろうか。

　それが，現在の区分所有法の解釈の変更で済むものであれば，その根

拠となる措置ないしは標準管理規約の改正を行うべきであり，法解釈の変更で済まないのであれば，区分所有法自体の改正も視野に入れるべきと考える[注2]。

　2点目は，高経年マンションをサポートする制度の新設である。個人財産の集合体であるマンションへの公的権力の介入は極力制限すべきではあるが，高経年期の管理不全に陥ったマンションは，防犯，防災，環境等の様々な面で，外部不経済を発生させる可能性が高く，何らかの制度的な手当てが必要となる。これは，空き家対策に似た面もあり，管理不全に陥ったマンションの増加は地域のスラム化の危険性をはらむからである。

　この点については，第9章で寺尾仁氏が述べるフランスのマンション管理をめぐる諸制度は大いに参考になるであろう。管理組合の財務の困難さに対応する制度や，管理組合が機能しない区分所有に対応した諸制度の導入は十分に検討の価値があると思われる。

　3点目は，共用部分の変更に伴う管理組合での特別多数決議の要件緩和である。すでに，耐震改修促進法の改正により，耐震性不足の認定を受けたマンションの耐震改修に係る共用部分の変更に係る決議については，従来の区分所有者および議決権の各4分の3以上の特別多数決議が過半数での決議に緩和されているが，耐震改修以外の共用部分の変更についても，区分所有者および議決権の各3分の2以上の特別多数決議に緩和する，もしくは，特別多数決議の母数から意思表示をしない区分所有者数を除くように緩和することが必要と考えられる。共用部分の変更に係る現行の決議要件は，区分所有者の高齢化や外部居住化，あるいは外国人区分所有者の増加等に伴い，きわめて高いハードルになる傾向がある。そのため，高経年マンションの健全な維持・保全を図るためにも，この決議要件の緩和が必要と考えられる[注3][注4]。

●提言３──マンションの価値を高める再生技術の一般化と専門的職能の必要性

　従来のマンションの大規模修繕は，外壁や屋上防水の補修など，劣化した部位の補修や設備の交換などが中心であった。しかし，壊さないマンションの未来を実現していくためには，こうした大規模修繕の枠を超えて，マンション自体の価値を高める再生，すなわち，マンションのリノベーションが必要となる。具体的には，耐震改修等の躯体安全性の向上，サッシの交換や外壁の断熱化などによるマンションの温熱環境の改善，高圧受電や電気容量のアップ，インターネット環境やセキュリティの強化，エレベータの新設や更新，共用部のバリアフリー化，低層階専有部分等の用途変更（福祉施設やサービス店舗，コミュニティビジネス等の導入など），外装デザイン・素材の大幅変更などにより，時代のニーズに合った居住環境を実現し，マンション自体の居住性，流動性，資産価値を高める再生である。

　これらの各要素の大半は既存の技術であるが，管理組合の多くは，その内容も効果も理解しておらず，また，これらを組合員の合意のもとに長期的な時間軸で実現していくマネジメント技術を持ち合わせていない。そうした意味では，管理組合をサポートする立場で，こうしたマンションの価値を高める再生を長期的な視点でアドバイスできる人材，職能が必要となるのではないだろうか。従来のマンション管理士は，マンション管理についての課題を解決する専門家であり，マンションの価値を高めるためのアドバイザーとしての専門性は不十分であろう。また，建築士等は，個々の再生技術についての専門家であっても，組合員の合意のもとに長期的な時間軸で実現していくようなマネジメント技術は持ち合わせていないのである。

　なお，上記で挙げた再生技術のうち，低層階専有部分等の用途変更に

ついて若干の補足をしておきたい。従来から欧米諸国に比べての，わが国の住宅の寿命の短さが話題になることが多かったが，建物の長寿命化を図る上では，単にハードとしての建物の物理的な寿命を高めるだけでなく，ソフトとしての長寿命化の取組みが必要になることはいうまでもない。その重要な要素の一つが建物の用途転換，すなわちコンバージョンである。

　時代や地域の変化に伴い，マンションに対するニーズも大きく変わってくる。特に今後は，高齢化と世帯数の減少に伴い，高経年マンションにおいては空き家化が深刻な問題になることが予想される。こうしたマンションの空き家化に対し，マンション全体の価値を高めるためにも，また，マンション居住者の生活利便性を高める上でも，マンションの空室を，マンション居住者や近隣住民のニーズに沿った生活利便施設や福祉施設，コミュニティビジネスの拠点，集会室等にコンバージョンしていくことが必要ではないだろうか。前述の西京極大門ハイツの事例では，管理組合法人が隣接建物を購入して，マンション居住者に必要な機能を整備しているが，一般のマンションでは，低層階等の専有部分をこれらの施設に用途転換していくことが有力な選択肢になると考えられる。こうした専有部分の用途転換のためには，規約の変更や建築基準法上の手続きなどを必要とする。また，マンション全体の経営上は，管理組合が区分所有者から空室を借り上げ，もしくは取得し，管理組合として適正な機能・用途にコンバージョンすることが望ましいであろう[注5]。

● 提言４——中古マンションの流通に係る取組みの強化
　提言３で述べたマンションの価値を高める再生には，それなりのコストがかかるので，本来は，そのコストに見合うだけ，マンションの流通価値が高まることが期待される。しかし，現状では，売買の際，一棟の

建物の維持修繕の実施状況についての記録がある場合には，重要事項説明の中で説明する義務はあるものの，管理組合による再生工事がマンションの取引価格に反映されるケースは稀である。また，マンションの管理状況や長期的・経営的視点に基づく取組み等についても，マンションの流通価値を評価する上で重要なポイントであるが，これらについての客観的な情報はほとんどなく，マンションの流通価値に反映することは難しい。

上記の中古マンションの流通価値については，不動産鑑定評価や宅建業者による価格査定に関して，次のような課題を理論的に解決していくことが必要であろう。

・建物の維持管理状況を適切に建物の評価に反映し得る評価理論・評価手法の構築
・リフォーム，リニューアル等の建物への再投資を適切に建物の評価（価値の増分）に反映し得る評価理論・評価手法の構築
・建物の耐用年数，とりわけ残存耐用年数を適切に見積もるための評価理論・評価手法の構築

また，同時に，第5章で齊藤広子氏が指摘するように，マンションの購入者が容易にマンションの修繕や再生の情報，マンション管理の情報等を手に入れる仕組みを社会として構築していくことが必要であろう。

その場合，こうした仕組みのベースとなるマンション全体の登録制度を地方自治体が主導して整備していくことが有用なのではないだろうか。というのは，こうしたマンションに係るデータベースが，購入時のユーザーにとって有用であるばかりでなく，今後，高経年マンションを中心に，管理不全に陥るマンションや空室が急増していくことが予想される中で，これらによる外部不経済を未然に防ぐためにも，地方自治体としてマンションに係る基礎的なデータベースを構築しておく必要があ

るからである。また，こうしたマンションに係るデータベースは，災害時のマンション居住者の安否確認や建物の応急危険度判定，みなし仮設住宅の登録などにも，有用な基礎資料となり得ると思われる。

●提言5──マンションに係るユーザー教育とマンション業界としての取組み

　これまで，マンション業界では，いわゆる「建てて売って終わり」という形のマンション供給が大半であった。新築マンション販売のプロセスにおいても，マンションの立地や間取り，機能などについての説明が大半であり，マンション管理の内容は重要事項説明の中で多少触れるくらいで，まして，築年が経過した後でのマンションが直面する問題等については，全く触れることはなかった。大半のマンション購入者は，入居後初めて，マンションにとっての管理の重要性を理解し，さらに大規模修繕等の時期になって初めて，マンション管理の課題や合意形成の難しさなどを体験するのである。

　提言1で述べたような，長期的・経営的視点を持った管理組合の運営を実現するためには，組合員である区分所有者ひとりひとりが，マンション管理の重要性や，マンション管理に長期的・経営的視点を持つことの重要性を理解していることが必要であり，そうした意味でのユーザー教育が必要なのではないだろうか。というのは，共用部分と専有部分を持つマンションを所有して住むということは，戸建て住宅を所有して住むということとは，全く異なる知識や心構えが必要になるからである。

　自動車を運転するには運転免許を取得する必要があり，自動車を所有して利用し続けるには車検を受けなければいけない。マンションを所有して住み続けるためにも，自動車と同様とはいわないまでも，区分所有者としての一定の知識と覚悟が求められるのである。

第10章 なぜ,「壊さないマンションの未来」が大切なのか

　一方,マンション市場の動向を見ると,2008年のリーマンショックを契機に,新築マンション着工戸数は全国で年間10万戸余りと,それ以前の半分程度の水準まで落ち込んでいる。また,最近では,都心部を中心とする地価の上昇と建築費の高止まりにより,新築マンションの価格は上昇を続けており,購入者層の所得が伸びない中で,2018年の首都圏の新築マンションの初月成約率は62.1％と27年ぶりの低水準となっている（不動産経済研究所調べ）。こうした中で,2016年には,首都圏では,中古マンションの契約数が新築マンションの供給数を上回り,流通面でもストックの時代に入ってきたことがうかがえる。長らく,新築の供給中心できたマンション業界も,すでに存在するマンションストックに軸足を置いた産業形態に転換すべき時期に来ているのではないだろうか。

　こうした時代背景の中で,マンションの区分所有者や購入者層に対するユーザー教育は,マンション供給の担い手であるディベロッパーやマンション管理会社などのマンション業界が,率先して取り組むべき課題のひとつと考えられるのである。

　以上,縷々私見を述べたが,本書が「壊さないマンションの未来」を実現するための一助となることを期待したい。

（注1）　第6章で園田眞理子氏が提案するように,区分所有者やマンション住民等の有志が出資する地域事業会社やNPO等が,長期的・経営的視点に立ってマンション・団地を中心とする地域の価値向上に取り組む方法も十分に考えられる。しかしその場合にも,マンション管理組合自体が長期的・経営的視点を持つことが重要と考えられる。

(注2) この点については，第8章で鎌野邦樹氏が指摘するように，共用部分等の変更の範囲を拡大する立法措置が取られたとしても，管理組合の団体的意思決定を少数非賛成者にどこまで強制するかといった問題が残ることは確かであり，この点については，別途検討の必要性があると思われる。

(注3) 区分所有法の改正については，第7章で小林秀樹氏が指摘するように，共用部分の変更以外にも，いくつか論点がある。なお，共用部分の変更の決議要件を緩和した場合には，当該決議の非賛成者の費用負担をどう担保するかという問題が残る。私見としては，共用部分等の変更決議に係る売渡請求もしくは買取請求等の制度が必要となるのではないかと考える。なぜなら，耐震改修等の共用部分の変更決議が議決されても，その費用負担を拒む非賛成者の存在により，共用部分の変更工事等が頓挫するケースが実務上多々見られるからである。

(注4) 第4章で大木祐悟氏が指摘している共有住戸の議決権の問題や外国人区分所有者等の問題も，共用部分の変更の決議要件を緩和と同時に解決しておく必要のある課題である。

(注5) 第3章で内山博文氏が紹介した熊本市の2つの事例も，専有部分の用途変更によりマンションの価値を高めた事例として興味深い。これらの事例は，地域や時代の変化に対応した柔軟な取組みにより実現したものである。

おわりに

　本書は，日本の都市居住形態として普遍的になったマンションの持続可能性をどう維持していくかということに重きを置き，一般財団法人 住総研の中に組織された「マンションの持続可能性を問う」研究委員会の成果をまとめたものです。

　委員会の設置にあたっては，旭化成不動産レジデンス株式会社の大木祐悟氏，横浜市立大学の齊藤広子氏，明治大学の園田眞理子氏，株式会社カルチャースタディーズの三浦展氏に委員になっていただき，3年間にわたる研究会に参加いただきました。また，最後の3年目には，u. company 株式会社の内山博文氏，千葉大学の小林秀樹氏，早稲田大学の鎌野邦樹氏，新潟大学の寺尾仁氏にもご参加いただき，2回のシンポジウムを開催いたしました。

　また，委員会の活動においては，住総研の道江紳一専務理事をはじめ，馬場弘一郎氏，成田亜弥氏にお世話になりました。

　なお，出版に関しては，株式会社プログレスの野々内邦夫氏にお世話になりました。

　皆様の努力により出版にいたりましたことを心よりお礼申し上げます。

2019 年 4 月

　　　　　　　　　　　住総研「マンションの持続可能性を問う」研究委員会
　　　　　　　　　　　　　　　委員長　田 村 誠 邦

■執筆者紹介

田村　誠邦
株式会社アークブレイン 代表取締役　／　明治大学 研究・知財戦略機構 特任教授
1954年東京都生まれ。1977年東京大学工学部建築学科卒。博士（工学），一級建築士，不動産鑑定士。三井建設㈱，シグマ開発計画研究所を経て，1997年㈱アークブレイン設立。マンション建替え・建築再生等，各種建築プロジェクトのコンサルティング，コーディネイトを専門とする。主な受賞歴として，「求道会館・求道学舎の保存と再生事業」で2008年日本建築学会賞（業績），「ストック時代における居住者参加型集合住宅供給の実現プロセスに関する研究」で2010年日本建築学会賞（論文）受賞。主な著書に，『建築企画のフロンティア』，『建築再生学』（共著），『都市・建築・不動産企画開発マニュアル入門版』（共著）他多数。

三浦　展
株式会社カルチャースタディーズ 代表取締役
1958年新潟県生まれ。社会デザイン研究者。1982年一橋大学社会学部卒。㈱パルコ入社。マーケティング情報誌『アクロス』編集室勤務。1986年同誌編集長。1990年三菱総合研究所入社。1999年 カルチャースタディーズ研究所設立。消費社会，家族，若者，階層，都市，郊外などの研究を踏まえ，新しい時代を予測し，社会デザインを提案している。著書に80万部のベストセラー『下流社会』のほか，都市関係では『都心集中の真実』，『東京は郊外から消えていく！』，『郊外はこれからどうなる？』，『昭和の郊外』，『東京田園モダン』，『吉祥寺スタイル』他多数。

内山　博文
u.company 株式会社 代表取締役　／　Japan.asset management 株式会社 代表取締役　／　一般社団法人リノベーション協議会 会長　／　公益財団法人不動産流通推進センター 顧問
愛知県出身。不動産デベロッパー，都市デザインシステム（現 UDS㈱）を経て，2005年㈱リビタの代表取締役，2009年同社常務取締役兼事業統括本部長に就任。リノベーションのリーディングカンパニーへと成長させる。2009年（一社）リノベーション住宅推進協議会副会長，2013年同会会長に就任。2016年経営コンサル会社の u.company ㈱を設立，同年不動産・建築の活用コンサル会社の Japan.asset management ㈱を設立。現在，未来のために業界の育成と新しいバリューチェーン構築を目指し，実務はもちろん講演セミナー等多方面で活躍中。

大木　祐悟
旭化成不動産レジデンス株式会社 マンション建替え研究所 主任研究員 エキスパート（不動産コンサルティング領域）
1983年早稲田大学商学部卒，同年旭化成工業㈱入社。同社にて1995年より不動産コンサルティング実務に従事。2011年より旭化成不動産レジデンス㈱マンション建替え研究所主任研究員。その他，定期借地権推進協議会運営委員長，特定非営利法人都市住宅とまちづくり研究会理事等。主な著書に，『定期借地権活用のすすめ』，『マンション再生』，『逐条詳解マンション標準管理規約』他。共著で不動産学会賞，都市住宅学会賞，共同論説で2013年都市住宅学会賞受賞。

齊藤　広子
横浜市立大学 国際教養学部 教授
筑波大学第三学群社会工学類都市計画専攻卒。不動産会社勤務を経て，大阪市立大学大学院生活科学研究科修了。英国ケンブリッジ大学研究員，明海大学不動産学部教授を経て，2015年より現職。社会資本審議会委員，住宅履歴情報蓄積・活用推進協議会会長等を務める。博士（学術）・博士（工学）・博士（不動産学）。主な著書に，『はじめて学ぶ不動産学─すまいと

まちのマネジメント』,『生活者のための不動産学への招待』,『新・マンション管理の実務と法律：高齢化，老朽化，耐震改修，建替えなんて怖くない！』,『住環境マネジメント：住宅地の価値をつくる』他多数。日本マンション学会研究奨励賞，都市住宅学会賞（論文），日本不動産学会業績賞，都市住宅学会賞（論文），日本不動産学会著作賞，不動産協会優秀著作奨励賞，日本建築学会賞（論文），都市住宅学会著作賞，日本不動産学会業績賞，都市住宅学会業績賞，グッドデザイン賞，日本不動産学会論説賞，都市住宅学会論説賞等，多数受賞。

園田眞理子
明治大学 理工学部建築学科 教授
石川県生まれ。1979年千葉大学工学部建築学科卒，1993年千葉大学大学院自然科学研究科博士課程修了。博士（工学）・一級建築士。㈱市浦都市開発建築コンサルタンツ，㈶日本建築センター建築技術研究所を経て，1997年より明治大学に勤務。専門は建築計画学・住宅政策論。特に高齢社会に対応した住宅・住環境計画について，多数の研究，政策提言などを行っている。主な著書に，『世界の高齢者住宅―日本・アメリカ・ヨーロッパ』,『建築女子が聞く―住まいの金融と税制』（共著）など。

小林　秀樹
千葉大学大学院 工学研究院 教授
新潟県生まれ。1977年東京大学工学部建築学科卒，和設計事務所を経て，1980年同大学院建築学専攻修士課程修了，1985年同博士課程修了。建設省建築研究所，国土技術政策総合研究所を経て，2002年より千葉大学に勤務。2011年～2015年日本マンション学会会長。2014年～2017年東京都住宅政策審議会会長など。博士（工学）・一級建築士。専門：建築計画，住環境計画，住宅政策。定借とSI住宅を組み合せたつくば方式の実現，LLPを日本で最初にコミュニティビジネスに適用した団地シェア居住事業等，実践派の研究者として活動。2007年日本建築学会賞，2008年住宅総合研究財団清水康雄賞，他受賞。主な著書に，『集住のなわばり学』,『居場所としての住まい』,『スケルトン定借の理論と実践』（共著）など。

鎌野　邦樹
早稲田大学大学院 法務研究科 教授
1988年早稲田大学法学研究科博士課程単位取得退学，同年千葉大学教養部専任講師，その後，千葉大学法経学部講師・助教授・教授，同法科大学院教授を経て，2004年より早稲田大学大学院法務研究科教授。その間，法務省法制審議会・建物区分所有法部会委員のほか，国土交通省，東京都，千葉県等の各種委員会委員を歴任。現在，国土交通省団地再生検討会委員，東京都公益等認定委員会委員，行政書士試験委員，マンション管理士試験委員，管理業務主任者試験委員，日本マンション学会会長，日本土地法学会理事（事務局長）等を兼務。主な著書・編著に，『コンメンタール マンション区分所有法（第3版）』,『マンション法の判例解説』,『不動産の法律知識（改訂版）』,『マンション法案内（第2版）』,『論点解説 民法（債権法）改正と不動産取引の実務』など。

寺尾　仁
新潟大学 工学部 准教授
東京都生まれ。1981年早稲田大学法学部卒，1989年トゥールーズ社会科学大学（フランス）都市計画法・建設法高等専門研究学位課程修了，1992年早稲田大学大学院法学研究科博士後期課程退学。同年新潟大学教養部助教授，1994年同大学工学部助教授，現在に至る。この間，リエージュ大学（ベルギー）日本研究センター招聘教員，パリ国際大学都市日本館館長等を歴任。主な業績に，『小さな町こそ輝く―小須戸まち育て奮闘記』（共編），「フランスにおける区分所有の解消」（『マンション学』56号），「フランスにおける新たな『不適切住宅』の実態と対策の研究」（『住総研 研究論文集・実践研究報告集』No.44）（共著）など。日本マンション学会論文賞，住総研 研究選奨等受賞。

一般財団法人 住総研 http://www.jusoken.or.jp/

　当財団は，故清水康雄（当時清水建設社長）の発起により，1948（昭和23）年に東京都の認可を受け，「財団法人新住宅普及会」として設立されました。設立当時の，著しい住宅不足が重大な社会問題となっていたことを憂慮し，当時の寄附行為の目的には，「住宅建設の総合的研究及びその成果の実践により窮迫せる現下の住宅問題の解決に資する」と定めております。その後，住宅数が所帯数を上回り始めた1972（昭和47）年には研究活動に軸足を置き，その活動が本格化した1988（昭和63）年に「財団法人 住宅総合研究財団」と名称を変更。さらに，2011（平成23）年7月1日には，公益法人改革のもとで，「一般財団法人 住総研」として新たに内閣府より移行が認可され，現在に至っております。一貫して「住まいに関わる研究並びに実践を通して得た成果を広く社会に公開普及することで住生活の向上に資する」ことを目的に活動をしております。

　　住　所　　〒103-0027　東京都中央区日本橋3－12－2
　　　　　　　　　　　　　朝日ビルヂング2階
　　TEL. 03－3275－3078（研究推進部）

　　　　事務局（編集担当）道江紳一　　一般財団法人 住総研
　　　　　　　　　　　　　馬場弘一郎　一般財団法人 住総研
　　　　　　　　　　　　　成田亜弥　　一般財団法人 住総研

―――――― [執筆者一覧〈掲載順〉] ――――――

田村　誠邦（株式会社アークブレイン 代表取締役／明治大学 研究・知財戦略機構 特任教授）

三浦　展（株式会社カルチャースタディーズ 代表取締役）

内山　博文（u.company 株式会社 代表取締役）

大木　祐悟（旭化成不動産レジデンス株式会社 マンション建替え研究所 主任研究員 エキスパート（不動産コンサルティング領域））

齊藤　広子（横浜市立大学 国際教養学部 教授）

園田　眞理子（明治大学 理工学部 建築学科 教授）

小林　秀樹（千葉大学大学院 工学研究院 教授）

鎌野　邦樹（早稲田大学大学院 法務研究科 教授）

寺尾　仁（新潟大学 工学部 准教授）

【住総研住まい読本】
壊さないマンションの未来を考える　　ISBN978-4-905366-89-8 C2032

2019年6月1日　印刷
2019年6月10日　発行

編　者　住総研「マンションの持続可能性を問う」研究委員会

発行者　野々内邦夫

発行所　株式会社プログレス
　　　　〒160-0022　東京都新宿区新宿1-12-12
　　　　電話 03(3341)6573　FAX03(3341)6937
　　　　http://www.progres-net.co.jp　E-mail: info@progres-net.co.jp

一般財団法人 住総研 ©

本書のコピー，スキャン，デジタル化等の無断複製は著作権法上での例外を除き禁じられています。本書を代行業者等の第三者に依頼してスキャンやデジタル化することは，たとえ個人や会社内での利用でも著作権法違反です。

＊落丁本・乱丁本はお取り替えいたします。

モリモト印刷株式会社

＊各図書の詳細な目次は、http://www.progres-net.co.jp よりご覧いただけます。

マンションの終活を考える
浅見泰司（東京大学大学院教授）
齊藤広子（横浜市立大学国際教養学部教授） ■本体価格2,600円＋税

不動産テックを考える
赤木正幸／浅見泰司／谷山智彦 ■本体価格2,800円＋税

コンパクトシティを考える
浅見泰司（東京大学大学院教授）
中川雅之（日本大学経済学部教授） ■本体価格2,300円＋税

民泊を考える
浅見泰司（東京大学大学院教授）
樋野公宏（東京大学大学院准教授） ■本体価格2,200円＋税

★2014年度日本不動産学会著作賞（学術部門）受賞
都市の空閑地・空き家を考える
浅見泰司（東京大学大学院教授） ■本体価格2,700円＋税

共有不動産の33のキホンと77の重要裁判例
●ヤッカイな共有不動産をめぐる
　法律トラブル解決法
宮崎裕二（弁護士） ■本体価格4,000円＋税

固定資産税の38のキホンと88の重要裁判例
●多発する固定資産税の課税ミスに
　いかに対応するか！
宮崎裕二（弁護士） ■本体価格4,500円＋税

Q&A 重要裁判例にみる
私道と通行権の法律トラブル解決法
宮崎裕二（弁護士） ■本体価格4,200円＋税

コンパクトシティを問う
山口幹幸（不動産鑑定士・一級建築士） ■本体価格4,000円＋税

マンション法の現場から
●区分所有とはどういう権利か
丸山英氣（弁護士・千葉大学名誉教授） ■本体価格4,000円＋税

逐条詳解
マンション標準管理規約
大木祐悟（旭化成不動産レジデンス・マンション建替え研究所）
■本体価格6,500円＋税

マンション再生
●経験豊富な実務家による大規模修繕・改修と
　建替えの実践的アドバイス
大木祐悟（旭化成不動産レジデンス・マンション建替え研究所）
■本体価格2,800円＋税

新版
定期借地権活用のすすめ
●契約書の作り方・税金対策から
　事業プランニングまで
定期借地権推進協議会（大木祐悟） ■本体価格3,000円＋税

詳解
民法[債権法]改正による不動産実務の完全対策
●79の【Q&A】と190の【ポイント】で
　不動産取引の法律実務を徹底解説!!
柴田龍太郎（深沢綜合法律事務所・弁護士） ■本体価格7,500円＋税

▶不動産の取引と評価のための
物件調査ハンドブック
●これだけはおさえておきたい
　土地・建物の調査項目119
黒沢　泰（不動産鑑定士） ■本体価格4,000円＋税

新版
私道の調査・評価と法律・税務
黒沢　泰（不動産鑑定士） ■本体価格4,200円＋税

賃貸・分譲住宅の価格分析法の考え方と実際
●ヘドニック・アプローチと市場ビンテージ分析
刈屋武昭／小林裕樹／清水千弘 ■本体価格4,200円＋税

変われるか！都市の木密地域
●老いる木造密集地域に求められる将来ビジョン
山口幹幸（不動産鑑定士・一級建築士） ■本体価格3,000円＋税